なんだか毎日うまくいく 100のヒント

植西 聰

青春出版社

はじめに

なんだか最近、うまくいかない。

気持ちが落ちこんで、仕事が手につかない。

人に振り回されて、自分の時間がもてない。

だれにでも、そういう状態のときは、あると思います。

この本では、そうした状態から、うまく好転するための方法を紹介します。


人生がうまくいくには、まずは、人を味方につけることが必要です。

どんな成功者でも、自分だけでうまくいった人はほとんどいません。

人から好かれ、みんなから応援されて初めて、理想に一歩近づけます。

自分のファンができれば、ますますいい環境に恵まれて、心から望む「なりたい自分」を手にできます。

そのためには、心のあり方を磨くことが大切です。

心の美しさ、積極性、楽天的な考え方、人に喜びを与える習慣などです。

光り輝く人のそばには、みんなが近寄っていきたくなります。

まわりから「あの人といると、パワーがもらえる」「希望がもてる」「元気になれる」と思われたら、運も味方につけることができます。

すなわち、自分を大切にしながらまわりの人を幸せにできる人は、一生、強運でいられるのです。

この本では、人を味方につけて理想の自分に近づくための100のヒントを紹介します。

書かれたことを読むだけでなく、実践できたら、「なんだか毎日うまくいく!」という状態になっていることでしょう。

この本を読んだ方が夢に一歩でも近づけるよう、心より祈っています。

本書がお役に立てれば幸いです。

植西 聰

目次

1章

楽天的な考え方でうまくいく

2章 味方がふえるとうまくいく

3章 気軽な行動でうまくいく

4章 「好き」を活かすとうまくいく

5章

人を喜ばせるとうまくいく

6章 イメージングでうまくいく

1章

楽天的な考え方でうまくいく

001

プラスの言葉で自分を励ます

だれでも、思わぬところでトラブルが起きたら、不安になるものです。からだの調子が悪い、仕事が思ったように進まないなど、ささいなできごとだとしても、その不安な気持ちをほうっておかないほうがいいと思います。

そんなときネガティブな考えを重ねてしまうと、さらに運が離れます。

不安なできことが起きたら、プラスの言葉で自分を励ますとよいでしょう。

次のように、希望をもってモチベーションを高める言葉を、自分にかけてあげるのです。

1. 「私は、まだ若い！」
2. 「私なら、絶対に、うまくいく！」
3. 「私は運がいいから、必ず夢がかなう！」

こういった強いパワーのある言葉を自分にかけると、言霊《ことだま》（その言葉に宿る不思議な働き）の力によって、本当に状況がよくなります。

プラスの言葉を口に出して、自分を奮い立たせることが大切です。

自己暗示にかかって、不安だった気持ちがウソのようになくなります。

また、言葉をかけると同時に、不安をとりのぞく行動をとるとよいと思います。

たとえば、どこか体調がよくなかったら、家庭医学書を読む、医者に行くなどして、症状を確かめます。

対策がわかると、気持ちが楽になれるものなのです。

強いパワーのある言葉で運はひらける

002

嫌なことは成功前の毒出しだと考える

ものごとは、すべてとらえ方しだいで、いくらでもいい方向へと変えていけます。

成功者は、楽天的にものごとを考える達人でもあります。

なにが起ころうとも、自分が幸せになるために必要なことだ、と思うようにするのです。

もし、深くへこむくらい嫌なことがあったら、そのできごとは成功する前の毒出しだと考えるといいと思います。

夜明け前は、いちばん暗いもの。輝かしい夢が実現する前は、暗くてもいいのです。

朝日は必ずやってきます。

嫌なことが起きたら「成功が近い」と思ってみるとよいのです。

なかなか簡単にできることではないかもしれませんが、逆境をバネにして成功した人はとても多いのです。

すべてがうまくいくほうが、怖いかもしれません。

ちょっとくらい嫌なことがあったほうが、毒出しになって、もっといいことに恵まれると思います。

嫌なことがあっても、落ちこんだままではいないようにします。

マイナスのエネルギーはとてつもなく大きなものであるため、生きる気力を失いかねないからです。

悪い考え方をしそうになったら、「邪気なんて吹き飛ばしてやる！」といった、強気な姿勢で構えれば、マイナスの気持ちは逃げていくことでしょう。

「邪気は、邪気を呼びます」

この言葉は、本当にあると思います。

したがって、嫌なことは楽天的にとらえることが大切です。

もうすぐいいことが起きる

003 トラブルが起きたらラッキーと考える

自分に起こる悪いできごとは、すべて意味があって起こるものです。

世のなか、意味のないことなど起こりません。

「すべてのできごとは、神様からのありがたいメッセージ」と考えるといいと思います。

神様は、その人にもっとよくなってほしいからこそ、トラブルという形で知らせてくれるのでしょう。

そのトラブルに対して、不平不満やグチ、文句ばかり言っても、なにもいい方向には変わらないと思います。

起きたできごとからメッセージを受けとるには、たとえば、こんな例があります。


1・上司からしかられた。↓自分の改善点を教えてくれたので、ありがたい。

2・仕事でミスをした。↓自分の注意不足がわかってよかった。

3・言葉で人を傷つけてしまった。↓その言葉を二度と使ってはいけないと学べた。

「すべてのできごとは自分をいい方向に変えてくれるラッキーな現象だ」と思えたら、どんなことにも対応できます。

そして、トラブルなど恐れない心構えができます。

夢をかなえたければ、トラブルのなかに潜むラッキーについて考えてみるといいと思います。

トラブルが起こったら、自分に足りないなにかに気づくチャンスでもあります。

●「いいチャンスだ」と考えを切り替える

004

すべてのできごとに感謝する

生きていると、苦しみや不安、嫉妬など、さまざまなマイナスの感情を抱くことがあると思います。しかし、すべてのマイナスの感情は、自分自身を大きく飛躍させるチャンスと考えるほうがいいでしょう。

マイナスの感情をもつことは、人の痛みを理解できたり、二度とそんな感情にならないように反省したりと、自分の成長には欠かせないものです。

なにが起ころうとも「感謝すること」から本当の幸福が生まれます。

感謝すると、心が浄化されて、悪いことを引き寄せなくなります。いい縁に恵まれ、だれにでも好かれて、運がますます上がり、トラブルが起きても小さな傷ですんでしまいます。すべてのできごとに感謝すれば、幸せになれるのです。

●不安や嫉妬は、感謝の気持ちに切り替える

005

悪い気は早めに追い出す

マイナス思考のかたまりのような生き方をしていれば、悪い「気」がどんどん心とからだにとりついてしまうことでしょう。

しかし、プラス思考で元気オーラいっぱいの状態に切り替えられたら、悪い気は跳ね返されます。プラス思考の人には、悪い気が入りこむスペースが少しもないのです。それは、どんなことでも、なにがなんでも強い精神を貫けるからです。

悪い気がやってきたと感じたら、早めに追い出す必要があります。

思いきり、心とからだに心地よいことをすることをおすすめします。

自分が好きなように生きて成功するほうにエネルギーを集中させるのです。プラスの状態をつくれるように意識を向けると、しつこかった悪い気が消えていきます。

心とからだに心地よいことをする

006

悪いことは長つづきしないと考える

仏教に「諸行無常《しょぎょうむじょう》」という言葉があります。

これは「世のなかのものはすべて変化するものであり、ずっと永遠につづくものはない」という意味です。

いまの自分が悪い状態にあるとしても、その状態がずっとつづくことはありえないと考えられます。

ただ、同時に、いいこともずっとつづくことはありえません。

いいときと悪いときが、だれにでもあるのです。

すべてが幸せな人生もうれしいですが、ときに悪いことが起きても「自分の気づきのためにやってきたことだ」と考えれば、ありがたいことなのです。

悪いことばかりつづいた、という人もいるかもしれません。

そういう人は、悪いことを長引かせない工夫も必要になります。

また、仏教に「日にち薬」という言葉があります。

これは「どんなにつらいことがあっても、時間が解決してくれる」という意味です。

「大切な人が、不慮の事故で亡くなってしまった」

「会社の業績が悪く、契約を切られた」

「長年つきあっていたのに、大失恋した」

これらのような悲しいできごとも、すべて、時間が優しい薬となって忘れさせてくれるでしょう。

人間は「忘れる」から、悩みは長くつづかないのです。

悪いことが起きてからしばらくは不安でたまらないと思いますが、

「自分をより成長させるできごとだ」

「高いステージへと上がるための、すばらしいできごとだ」

と考えてみることが大切です。

悪いこともいつか忘れる

007

うまくいかないときは、自分磨きをする

「なにか調子が悪い」

「うまくいかないことがつづく」

「運が落ちている気がする」

そのように感じたら、マイナスのエネルギーに襲われる前に、プラスのエネルギーに方向を変えたほうがいいでしょう。

うまくいかないときは、神様が「お休みしなさい」と温かいメッセージを送っている可能性があります。

がんばりすぎているから、これ以上進めると、より深刻な問題が起きたり、健康を悪化させたりするため、「休息をとるように」と教えてくれているのです。

休息をとれば、また運気が上がってきます。

うまくいかないときこそ、休息をとりながら、その時間のなかで自分磨きをしてみ

ることをおすすめします。
自分磨きのためには、やはり心を強く、美しくする勉強をすることが大切です。
悪い状態のときには、もっと成功させなければと野心的になり、歯車が狂います。
そういうときは物質的な欲望にとりつかれて、精神面の大切さを忘れがちです。
心の世界を重んじるようにならなければ、幸せをつかむことは、ありえないのです。
真の成功者ほど、心の世界を重んじています。
そして学んだことを実践したからこそ、成功したのです。
本当に成功したければ、自分の心磨きをいちばんにすることが大切です。

お金やモノを欲しがるよりも心を強く、美しくする

008

パワースポットへ行く

パワースポットとは、いいエネルギーがうず巻いている、磁場のいい場所のことをいいます。

東京郊外の高尾山や、都心の皇居、明治神宮、三重県の伊勢神宮、島根県の出雲大社などが有名です。

もちろん近くの神社や空気のいい山、海もパワースポットです。

落ちこんだときは、行くだけでいい「気」が流れてくるパワースポットに行ってみることをおすすめします。

ストレスで病んだ心とからだが浄化されて、リフレッシュすると思います。

また、大切な友達や家族といっしょに行くのもよいでしょう。

パワースポットに着いたら、希望にあふれた楽しい夢の話でもしてみます。

「気」のいい場所にいると意識空間が広がりますので、プラスの考え方がみるみる浮かんできます。

すると、お互いに運が好転して、悪いものをシャットアウトします。

心のなかに邪気が入ってこなくなるのです。

ですから、不幸なことはやってきません。

自分もまわりの人も、いいことに恵まれます。

自分だけ幸せになりたいという考え方は、不幸への道をたどる結果になりますが、自分とまわりの人たちを幸せにしたいという考え方だと、幸運の女神様が力を貸してくれるのです。

大切な人と一緒に、一気に運が好転するパワースポットへ行くことを計画してみるといいと思います。

自分と大切な人の運気がよくなると思います。

いい「気」の流れる場所で運をひらく

009

苦手な人ほど大切にする

だれでも、苦手な人とは接触したくないものです。

そういう人と関わると、息苦しくなるからでしょう。

職場には必ずといっていいほど、相性のよくない人がひとりはいるものです。

しかし、自分が相手に対して嫌なオーラを出していたら、ますます関係が悪化します。

嫌なオーラは、自分が気づかなくても、自然ににじみ出ているものです。

もし相手に対して優しく対応できれば、時間はかかるかもしれませんが、いずれその人から好意をもたれるようになります。

「苦手な人は、自分を成長させるためにやってきた、神様の使者の分身だ」と思えば、少しは気持ちが楽になります。

もし、意地悪なことをする人がいたら、その人の心はなにかに傷ついているか、心が満たされていない可能性があります。

心が満たされていないからこそ、他人の魅力に嫉妬して、嫌な態度をとるのかもしれません。「あの人は心が満たされていないから意地悪をする」と理解すれば、優しい気持ちがもてると思います。

良寛《りょうかん》という江戸時代のお坊さんは、励まし上手で、村の人から好かれていました。ところが、村のなかに、良寛に嫉妬した船頭がいました。

あるとき、船頭は自分の舟に良寛を乗せて、わざと川のなかに落としました。

しかし、良寛は少しも怒らずに、優しい対応をしたそうです。

船頭は、自分の意地悪なおこないを心から反省し、良寛の大ファンになりました。

このように、苦手な相手にも情けをかけると、慈悲のおこないが相手の心を救います。

そうすると、相手が、自分の味方になってくれることでしょう。

あえて優しく対応して好意を見せる

010

人に依存しない生き方をする

「だれかを幸せにしてあげたい」と考えて、愛することを喜びに思える人は、幸運がまいこみやすくなります。みんなの愛に包まれて人生を送りたいのなら、パートナーや家族、友達に過度に依存しないように心がけるといいと思います。

とはいえ、どうしても、さびしくてたまらなくなることがあると思います。

そんなときは、趣味やものづくり、軽いスポーツやダンスなど自分が夢中になれるものを探すことがいちばんです。意識をほかに向けることで、心が元気になってきます。

そして、だれかをいっぱいケアすることも大切です。

依存的な生き方を卒業して、与えっぱなしの愛の世界へ飛びこめたら、それこそ幸運なことに恵まれるばかりで、好きな仕事でも成功できるでしょう。

● 意識をほかに向けると心が元気になる

011

苦しいときこそ人のために生きる

なにかつらいことや問題が起きて苦しいときは、自分のことで頭がいっぱいになると思います。「だれかになにかをしてあげる余裕なんてない」と思う人は多いことでしょう。しかし、苦しいときこそ、人のために生きると、人生が好転します。

不思議なことに「相手を元気にさせたい、励ましたい、楽しませたい」などの気持ちをもつと、それに必要なエネルギーが、みるみるわいてくるのです。

これは神様からのプレゼントなのかもしれません。人のために生きる人に対して、神様がごほうびとして、パワーを与えてくれると思います。

元気をとりもどせたら、自分の悩みも、ちっぽけなものにすぎないと思えてきます。パワーアップすれば、仕事や恋愛への意欲も高まることでしょう。

人のために生きるとエネルギーがわく

012

ストレス撃退法を3つつくる

ストレスがあることは、「仕事以外になにかをしなさい」というサインでもあります。それに気づかないと、マイナスの気だけが心とからだに入りこみ、いい気をとり入れられなくなります。

ペットアクセサリー販売員の久美さん（仮名）は、大好きなペット関係の仕事をしています。

ふだんストレスはあまりないのですが、なぜか、仕事に熱中しすぎたときにストレスを感じることがあるそうです。

どうして、久美さんは好きな仕事をしているのにストレスを感じるのでしょうか。

それは、仕事以外のことを楽しむ時間がないからです。

仕事が趣味という人もよくいますが、人は、仕事以外のなにかに夢中になれる時間をもたないと、精神は安定しないのです。

脳をトレーニングするような時間も、効果的だといいます。

ぬり絵やパズル、クイズの本を読む、絵を描くなど、脳を活性化するような趣味をもつと、深いレベルでの癒しがもらえると思います。

久美さんもストレス解消のため、いままで興味はあってもなかなか実行できなかった「アートセラピー講座を受ける」「ヨガ教室に通う」「カラーコーディネーター試験の勉強をする」という3つの趣味をはじめました。

仕事以外に打ちこめる世界ができ、ストレスが激減したそうです。

ランニング、山登りなど、アウトドアの趣味をもつ人も多いです。

自分の興味のある趣味を探してみるとストレスが減ってくると思います。

夢中になれる趣味を見つける

013

命のありがたみを感じてみる

どうしてもうまくいかないことがあって自虐的になり、自分の価値が見いだせなくなることは、だれにでもあると思います。

しかし、生きることに疲れたからといって、せっかく与えられた命を粗末に扱ってはいけません。

自分が生まれてきたのは、親だけでなく、先祖様がいたからこそです。

それに、生きていれば悪いことばかりではなく、いいことも起こります。

そのことを忘れずにいたいものです。

だれもが、幸せになるために生まれてきています。

そして、人間としての魂を成長させるために、いろんなトラブルがやってくるのです。

また、生きていれば、必ずいいことが起こります。

いま一度、命のありがたみを感じてみることをおすすめします。

命があれば、人を愛することも自然を満喫することもでき、だれかから必要とされて感謝されることなどもあり、たくさんの喜びがあると思います。

生きる喜びを見いだせないなら、だれかを喜ばすことにエネルギーを使う、という方法があります。

いまが苦しいとしたら、自分の無限の能力が活かしきれていないだけです。

命のすべては、自分と他者を愛するためにあるのです。

苦しいときは、こう考えてはいかがでしょうか。

「自分の苦しみは、いつか人の痛みに共感して、人に感謝される仕事に就くためにあるのだろう」

こう考えれば、いまを乗り越えて、未来に希望をもてるようになると思います。

たくさんの無限の可能性がある

014

動じない心をつくる

なにごとにも負けない精神をつくることが、どんなトラブルをも乗り越える力になるのです。

そんな精神をつくるには、次のようなコツがあります。

1 人と自分を比べない。
2 なにが起ころうとも、すべてプラスの意味があるととらえる。
3 ストレスでいっぱいになったら、自分が幸せな気分になることをする。
4 困っている人を助けることで、エネルギーを出す。
5 すべての嫌なことは、成長のために必要なことと考える。

ほかにもたくさんあるとは思いますが、なにごとにも動じない精神は、毎日の積み重ねで鍛えるものだと思います。

精神が弱くなると、どんな小さなことにも負けてしまい、いっこうにいい方向へと導くことはできないでしょう。

成功者の多くは、精神の健康づくりをおこなっていて、トラブルや嫌な人をプラスに受け止めるコツがよくわかっています。

身近にいる成功者に、強い精神のつくり方を教わると、自分を変えるきっかけになると思います。

もし自分は精神力が弱いと感じたら、少しずつ精神を鍛えてみることをおすすめします。

成功者は精神の健康づくりをしている

015

自分を磨き、感性を養い、勉強する

難しくて逃げ出したいような、苦難の道を歩める人は、本当の実力をつけて、将来的に成功します。

人間は、楽なことを求めがちですが、好きなように生きて成功を望むのなら、その道の専門家を目指さないと、真の成功は難しいと思います。

本物になれば、どんなに意地悪なことをされても、つぶれることはないでしょう。

また、すばらしい人たちに理解してもらえるので、一生その道で食べていけます。

本物になるまでは厳しく、険しいものですが、自分のやる気や情熱で実現できるでしょう。

ひたすらその道の研究をし、だれにも文句を言わせないくらいの技術や知識を身につけるのです。

努力した分、なにかしらの形で報われるときが来ます。

社会で活躍しているスペシャリストたちは、そんな苦難を一生懸命に乗り越えてきたからこそ、ごほうびとしてその世界で食べていけるのでしょう。

努力や勉強は、一生するものです。

それをしなくなったら進歩しませんので、早くに終わってしまいます。

人間の永遠のテーマは、自分を磨くこと、感性を養うこと、勉強することの3つです。

苦難の道は、心からの幸福感に満ちた未来を約束してくれます。

「私は、絶対に好きな仕事で生きていく！」という情熱をもって動けば、思いどおりの人生が歩めると思います。

苦難のあとには報われるときが来る

016

反省する習慣をもつ

だれでも、人に言えない間違いをしたことが、小さくてもひとつはあると思います。

「大切な人に、大きなウソをついた」

「ライバルを押しのけて、仕事を手に入れた」

「取引先との約束をすっかり忘れて、傷つけてしまった」

これら以外にも、二度としてはいけないような経験があることでしょう。

人間は完璧ではないのですから、だれでも間違いをおかすことがあります。

反省して、二度とくり返さないように心がければ大丈夫です。

自分を責めず、前向きに行動することが大切です。

たとえば、ライバルを押しのけて成功したときは、今度はだれかに仕事を紹介する、なにかのチャンスを譲るなどしてみます。

自分がもらった分、また人にいいことを返せば、自分の運が悪くなることはありません。

謙虚に反省する心がないと、ずっと運に恵まれないままです。

仏教に「床座施《しょうざせ》」という言葉があります。

これは、電車のなかでお年寄りや困っている人に席を譲ることや、職場のライバルに地位や仕事を譲ることを意味します。

なにか大きな間違いをおかしたら、床座施の精神で、だれかになにかを譲ってみるといいと思います。

そうすると、自分の間違いをつぐない、精神レベルが大きく上がります。

精神レベルとは、自分自身の生き方そのもののレベルのことです。

「譲る」ことは、自分の魂を光らせる、すばらしいおこないなのです。

いいことを返せば運は好転する

017

嫉妬を受け流す

自分の好きなように生きてうまくいっていると、他人から嫉妬され、ねたまれることがあります。根拠のない悪口を言われることもあるかもしれません。

「出る杭《くい》は打たれる」ということです。有名になって中傷を受けることを「有名税」と呼ぶように、どんな人にもついてくるものなのです。

しかし、そこでへこたれずにいれば、いつか花ひらくときがやってきます。

逆に、これから成功へと向かう最中であれば、人を中傷しないことが大切です。

とくに、人は、自分が目指す世界で成功した相手に対して、意地悪をしたがるものです。そこでだれかの悪口を言ったら、いつか自分も意地悪されてしまいます。

自分のおこないが、そのまま運気にはね返ってくるのです。

「有名税」は自分が努力した証

2章

味方がふえるとうまくいく

018

自分の心を元気にしておく

いつも明るくて元気な人は、みんなから好かれます。明るくて元気な人と一緒にいるだけでいいパワーを分けてもらえるので、みんながその人のそばに近寄ってくるのです。

明るく元気な人になるコツは、次のようなものです。

1．自然の美しい場所に出かける。
2．神社などいいエネルギーの流れている場所に行く。
3．人を喜ばせることを趣味にする。
4．心とからだの健康を怠らない。
5．どんな逆境でもプラスの部分を見つける。
6．愛情を注げる相手をつくる。

そのほか、困っている人や悩んでいる人を助けたいという気持ちをもつと、自分でも信じられないようなパワーが、心とからだからわき起こります。

困っている人をどうにか助けたいと思うから、神様がパワーを与えてくれるのかもしれません。

人を助けたい気持ちが高まると、自然と、元気なオーラを放ちます。

自分のことばかり考えて生きると、だんだん元気がなくなり、まわりの人が去っていき、運がなくなり、いいことが起こらなくなります。

それでは、生きていても楽しくないと思います。

精神面が健康だと、病気も、嫌な人も、トラブルも寄ってこなくなります。

ぜひ、元気なオーラを放つ存在になりたいものです。

元気な人のもとにはトラブルが寄ってこない

019

家でゆっくり過ごす

人生には、いい状態のときもあれば、悪い状態のときもあります。

悪い状態のときは、できればだれにも会わないようにしたいものです。

肉体的にも精神的にもつらい状態だと、思ったことが言えなかったり、頭の回転がにぶったりしますので、いい結果を生めないのです。

また、人と会っても「一緒にいて疲れる」「運気が悪そう」「嫌な気がありそう」などといった印象をもたれやすくなります。

人から好かれやすいのは、やはり、誠実で明るくて感じがいい人だと思います。

ほかに「個性を感じられる」「知識が深そう」「感性が豊かである」といった印象の人も考えられますが、まずは感じのよさではないでしょうか。

自分が悪い状態のときは、時間が許すなら自宅でゆっくりと過ごすことが最適です。

好きな映画を観たり、本を読んだり、美容に手をかけたり、思いきり幸せな気分になれることをするといいと思います。

自分をいたわる時間をつくることで、悪い状態から脱出できます。

そのような時間がないと、不安定で悪い状態のまま何日も過ぎるので危険です。

自宅で、ゆったりとする時間をもつことが、悪い状態をなくすカギとなります。

ただし、具合が悪いのに、どうしても人に会わなければならないときは、笑顔で乗りきりたいものです。

笑顔は、苦しいときも相手に感じのよさを伝えられる魔法の表情です。

そのためには「この人と会うのが終わったら、おいしいものを食べに行く」など楽しみをつくっておくといいと思います。

悪い状態からは早めに脱出する

020

自分が打ちこめる世界をもつ

自分が打ちこめる世界をもつと、なにか嫌なことがあっても、ストレスを吹き飛ばすことができます。

打ちこめる世界をもつことは、それほどの威力があり、心のケアには最適なのです。

恋愛面でパートナーに依存するタイプの人でも、ほかに情熱を注げるものがあると、ほかに意識を向けられて、多方面にいいエネルギーを生み出せます。

また、打ちこめるものがあると、自分の魅力が増して、みんなから好かれます。

とくに、自分の好きなことをいつか仕事にしたい人は、その夢の実現のために打ちこむと、いい成果を出せるでしょう。

若いうちから、打ちこめる世界をもてば、老後も幸せに暮らせると思います。

年をとってもつづけられる仕事があれば、むなしい気持ちにならずにイキイキと暮らせるのです。

若いうちから恋愛だけにのめりこんだり、その場かぎりの遊びにほうけていたりすると、ツケは老後にきます。

そうならないためにも、自分の情熱を注げて、楽しくて仕方がない世界をもつようにするといいと思います。

近年は、からだを動かすことを仕事にする人が増えました。ヨガやストレッチ、ランニング、ウオーキングなど、健康や美容にいい運動の人気が高まっています。

これらを最初は趣味からはじめて、いまはインストラクターとして働く人も多くいます。

手芸や菓子づくり、家庭菜園など、ものづくりを自宅で楽しむ人もいます。編み物やソーイングを友達に教えていた延長で、自宅で手芸教室をひらいた人もいます。

趣味ではじめたつもりが、いつの間にか夢中になって仕事にするパターンもあるのです。情熱を注げる世界を見つけたら、とことん楽しむといいと思います。

年を重ねてもイキイキと暮らせる

021

相手の味方であることを伝える

人はだれでも、自分を応援してくれる人を好きになります。

できれば味方は多いほうがいい、と思うのは自然なことでしょう。

ストレスを軽くしてくれる人を、だれもが必要としています。

もし「感じのいい人だな」「応援したいな」と思った相手がいたら、自分が味方であることを伝えてみてはいかがでしょう。

言われた人は、心からうれしく思い、応援を返してくれます。

たった一言、心をこめて「私はあなたの味方です」と伝えるだけで、相手のなかでそのメッセージが刻みこまれます。

いろんな人に伝えていくと、自分自身の人生がより豊かになり、運も上昇します。

● 敵より味方が多いほうがうまくいく

022

ネガティブな言葉を使わない

人は、相手からグチや悪口を聞かされたら、いい気持ちにはなれないと思います。もし間違って悪口や嫌な噂話などに乗ったら、自分の運は下がってしまいます。ネガティブな言葉を使わないだけでも、運を味方につけることができるのです。また、自分自身にもネガティブな言葉をかけるようでは、いい縁が遠のきます。「もう若くないし」「うまくいくかどうか心配」「ちゃんと食べていけるのか不安」といった言葉を声に出すと、自己暗示で悪いほうに向かってしまいます。

一方、いつもポジティブでイキイキとした言葉を使っている人は、仕事や人間関係にとても恵まれています。もし、まわりにネガティブな言葉を使う人がいたら、楽しい話題に切り換えるようにしましょう。

ポジティブな言葉遣いは、いい人間関係を生む

023

癒し系のイメージをつくる

いま、かわいらしいキャラクターのぬいぐるみやグッズが人気です。だれでもストレスがたまっていて、癒されたい気持ちでいっぱいなのでしょう。もし人から好かれたいなら、ファッションを癒し系の雰囲気に変えるのもひとつの方法です。

シャープな感じで相手にキツイ印象や「バリバリ仕事をする人」といったイメージを与えやすいなら、ファッションを、あえて優しい色あいや淡い色などに変えてみることをおすすめします。

そういったイメージをつくると、不思議と、相手に悪い印象を与えずに受け入れられやすくなるのです。

さらに、人の話を聞くとき、いつもニコッと微笑んでいれば、癒し系の雰囲気が出るでしょう。

また、相手を立てる姿勢でいると、優しい雰囲気をつくりだせると思います。

癒し系のイメージをつくる心構えとしては、次のようなものがあります。

1 おおらかに、堂々としていること。

2 ガツガツしないこと。

3 前向きで、自然体であること。

4 目元も口元も笑っているような感じにすること。

5 相手から嫌なことをされても、責めずに、なぜそうしたか理由を聞くこと。

人は、いつも自分が癒されるような相手を「支えよう」「応援しよう」と思うものなのです。

運を強めるためにも、癒し系のイメージをつくるといいと思います。

● 優しい雰囲気でいると、受け入れられやすくなる

024

好感度の高いファッションを心がける

好感度の高いファッションとは、どんなイメージでしょうか。

ひとつは、上品で知的で清潔感の感じられるファッションだと思います。

このような雰囲気だと、万人受けするのです。

もし、ふだんのファッションがこのようなものではないとしたら、ここぞという勝負どきにはイメージチェンジしてもいいと思います。

保険会社営業の美里さん（仮名）は、入社した当時は派手で、品があるとはいえないファッションでした。

ところが、イメージアップ研修で講師からいろいろとアドバイスを受けて、清楚《せいそ》で上品な路線に変えました。

もともと美里さんは、明るく元気な性格で、話すと感じのよさがわかるため、相手から好かれやすい性格ではありました。ただ、外見が派手だったので、第一印象はあまりよくありませんでした。

しかし、好感度の高いファッションに変えてからの美里さんは、見違えるように上品になりました。すると、次から次へと契約がとれて、部署でいちばん成績のいい優秀社員になったのです。

美里さんの話から学ぶことは「万人受けする上品なイメージに変えるだけで、好感度と仕事運の両方が上がる」ということです。

仕事となると、嗜好の違うたくさんの人を相手にするので、やはり上品で清潔感のある雰囲気をつくりだすと受けがよくなるのです。

ビジュアルは、自分の中身をアピールするものでもあるので、印象づくりには重要です。

自分が好きなユニークなファッションは、仕事以外のときに思う存分、楽しんだらいいと思います。

ここぞという勝負どきは万人受けがいい

025

ムードメーカーになる

その人がその場にいるだけで、華やかな空気が流れてくる。

なごやかな雰囲気になってくる。

楽しい空間になってくる。

こういう人は間違いなく、ムードメーカーです。

みんなに好かれるタイプの人でしょう。

一方、いつも暗い顔をしていたり、おとなしかったりすると、自分の魅力を活かすことは難しくなります。

ムードメーカーになるには、自分を内面から輝かせることが必要です。

もちろん、外見のケアも大切ですが、内面から打ち出るオーラは、外見を華やかにするほどのパワーをもつのです。

内面から打ち出るオーラをつくりだすには、自分の心が幸福感で満たされていることが大事です。

その幸福感が顔つきなどに表れて、人を引きつけるオーラを出すのです。

一方、心が満たされていないと、ガツガツしたり、あせったり、人の足を引っぱろうとしたりして、悪いオーラが出てしまいます。

自分を幸福感で満たすために、心とからだの健康を維持したり、だれかを愛することを自然と楽しんだり、自分の心が快くなることをするといいと思います。

すると、みんなのムードメーカー的な存在になり、人から好かれて、多くの仕事に恵まれるようになるのです。

自分が満たされていれば、まわりの人にもハッピーオーラが伝染します。

人を幸せにすることは、すばらしいことです。

自分で自分の心を満たせる人は、真の意味で人を幸せにできるのです。

まずは自分が幸せな気持ちになる

026

気遣いのできる人になる

気持ちに余裕がないときや、不運がつづいたときなどは、自分のことばかり考えてしまうかもしれません。

しかし、そのままでいたら、幸運は遠のいてしまいます。

縁や仕事は、人が運んできてくれるものです。

自分のことばかりでなく、まわりへの気遣いができると、人から好かれて、いろんないい仕事が入ってきて、なりたい自分に近づきます。

では、気遣いのできる人は、どういう人でしょうか。

1・相手の求めを、早めに感じとることができる。

2・相手がされたら嫌なこと、言われたくないこと、聞かれたくないことがわかる。

3・相手が気持ちよくなるツボを押さえることができる。

4　相手の笑顔を見ることが大好きである。

5　相手に喜びを与えることが趣味になっている。

こうした気遣いのできる人は、ホテルやレストラン、旅行業などのサービス業、医療・福祉関係、販売業、営業職など、どんな仕事に就いてもうまくいくと思います。

気遣いができる人は、真の意味で人から好かれます。

気遣いのできない人は、自分のまわりから人が去ってしまいます。

あらためて、自分自身を見つめ直すことをおすすめします。

相手の求めに答えると好感をもたれる

027

言ったことを実行する

自分が言ったことに対して、責任をもって実行することを「有言実行」といいます。

世のなかには、適当に口約束をする人も多いですが、そんななかで有言実行できれば、どんどん人から好かれていくでしょう。

有言実行する香織さん（仮名）は、マナー講師の派遣会社を経営しています。人徳があり、面倒見がよく、「知人を紹介する」と言ったら実際にきちんと紹介するので、とても高い信頼感をもたれています。そのため、いろんな人たちがお返しとして、香織さんに次々と仕事を紹介するのです。

仕事は、人間関係で成り立ちます。

いい仕事に恵まれるには、香織さんのような有言実行をめざしたいものです。

●有言実行の人はまわりから信用される

028

意見を素直に受け止める

人は、他人に厳しい意見をなかなか言わないものです。

心のうちでは思っていても、言いにくいのです。

もし尊敬する友達が苦言を言ってくれたとしたら、本気で相手によくなってほしいからだと思います。つらいかもしれませんが、自分のためにわざわざ言ってくれると思えば、感謝の気持ちが生まれることでしょう。

これまで成功してきた人は、苦言を素直に受け止めて、ありがたく謙虚な気持ちで対応したから、すばらしい結果を手にできたのです。

人から好かれる秘訣は、素直さと謙虚さです。素直に受け止めることができれば、相手との関係も自分自身も、よりよい方向に変わっていくことでしょう。

素直さと謙虚さを忘れない

029

敬語やマナーを身につける

美しい日本語を話せると、人から一目置かれます。

また、きちんとしたマナーが身につくと、魅力あるすてきな人だと思われます。

こういう人は、どんな場面でも、相手から好印象をもたれて、運気をよくできます。

一方、第一印象が悪いと、その印象をよいほうに変えるには相当な時間と労力がかかりますので、とくに初対面の相手には気をつける必要があります。

まずは、本から学んでもいいと思います。

正しい敬語の使い方、社会人としてのマナーなど、たくさんの本があります。

本を読むだけでは難しい人は、敬語やマナーの公開講座に参加してみてはいかがでしょうか。

講師から直接指導が受けられるので、自分に足りない部分を客観的に見つめて、少しずつ直せると思います。

また、自分の身近にいるすてきな人をお手本にするのもおすすめです。

美しい日本語を使っている人や、動作が美しい人がまわりにいないか探すのです。

身近な人だと、細かい仕草なども間近に見ることができて、まねしやすいと思います。

ただし、学ぶだけでなく、いろんな場面で実行する必要があります。

敬語やマナーを完璧にマスターすることは難しいかもしれませんが、努力する価値はとてもあると思います。

なぜなら、一生の財産となりうるからです。

本や講座、身近な人から学んでみる

030

お金と時間にしっかりする

もし、仲間にお金を貸したとして、それが返ってこなかったら、どんな気持ちになるでしょうか。

嫌な思いをして「二度と会いたくない」「信用できない」といった気持ちになると思います。

自分が友達と待ちあわせて、連絡もなく大幅に遅れてこられた場合も同様だと思います。

お金や時間にしっかりしていないと、それだけで運気は下がり、まわりから信用されなくなるのです。

とくに「お金の切れ目は、縁の切れ目」ともいいます。

お金の貸し借りには、いっさい関わらないほうがいいでしょう。

家族や大事な友達がどうしようもなく困っている場合にだけ、よほど高額でなければば、よく考えて貸してあげてもかまいません。

ただし、お金が戻ってくることは期待せずに、その人のためになったと思って、渡してしまいます。

そのほうがお金も生き金（使っただけの価値が出るお金）となっていい循環を生み、自分のほうに福をもたらしてくれると思います。

「なにがなんでも返してもらう」といった考え方では、自分の精神レベルが下がってしまいます。

運をなくす結果となりますので、気をつける必要があります。

一方、時間やお金に誠実であると、まわりの人が信頼を寄せてくれます。

自分のいい噂も、いろんなところに流れるようになるでしょう。

それほど、時間とお金は、社会で活躍するうえで重要なことなのです。

時間とお金には誠実でいることが大切です。

お金の貸し借りには関わらない

031

自慢話をしないようにする

人は、つい自分の自慢をしたくなるものです。

しかし、自慢話を聞かされたほうは、話が長ければ長いほど苦痛になります。

「次もあの人に会いたい」と思わなくなるでしょう。

自慢は案外、落とし穴になるのです。

とくに、恋愛面で気になる相手に対して、自分が過去にモテた話などをすると、相手はおもしろくないと思うはずです。

すごくうれしかったできごとや、あっと驚くできごとなら話してもいいと思いますが、自慢話はほどほどがいいでしょう。

自分の自慢話よりも、相手の自慢話を一生懸命に聞くほうが、相手から好かれます。

人と話すときは、自分を抑えたほうが、関係がうまくいくものなのです。

また、仕事運を高めたいのであれば、相手に自慢話をさせるように仕向けるのもいいかもしれません。

たとえば、「どうして、そんなに業績がいいのですか？」と質問するのです。

成功秘話が聞けるので、自分にとっても勉強になります。

このように、自慢話は相手にさせたほうが、自分の印象もよくなるのです。

人がもつ自慢したい欲求をかき立てて、たくさん気持ちよく話させてあげます。

もし自分の話を思う存分にしたいときは、気の置けない家族や恋人、親友に話すといいと思います。

とくに家族や親友ならば、身内の幸せなので喜んで聞いてくれると思います。

関係の薄い他人への自慢だけは、禁物です。

自分の自慢よりも、相手に自慢をさせようと意識すると、いい人間関係を築けます。

自慢話を存分に聞くと自分も勉強になる

032

余計なことを言わないようにする

人は、言葉ひとつで好かれたり嫌われたりするものです。たった一言の思いやりにあふれた言葉で、味方になってもらえることもあれば、たった一言の心ない言葉で、縁が切れることもあります。

言葉は、使い方によっては凶器にもなります。

余計な一言で、敵が増えて、運を下げる結果にもなりかねません。

たとえば、こういったことがないように注意します。

1. 相手の欠点を言う。
2. 相手の言われたくない過去などをほかの人に話す。
3. ケンカをして、心にもないキツイことを言う。
4. 相手の家族や友達の悪口を言う。

5．相手の失敗をなじる。
6．相手のからだの特徴をけなす。

ケンカのときこそ、注意がいります。

怒りで頭がいっぱいのときは、傷つく言葉をかけがちです。

しかし、相手とのいい関係を保ちたいのなら、あえて冷静になって、自分から引くようにします。

「口は災いのもと」。自分がほめたつもりで言ったことでも、相手には不快な言葉になる例もありますので、相手の性格や時と場合を考えて言葉を選びます。

大切な相手には、いつも優しい言葉をかけられるようにしたいものです。

言葉が好感度を左右する

033

広い心をもつ

人から好かれるには、相手の嫌な部分を見逃すような、広い心をもつことが大切です。

広い心をもつことは、おおらかで、どんなことがあっても相手の気持ちを重んじて、許せる、ということです。

包容力をもって受け入れたら、相手から好感をもたれることでしょう。

だれにでも欠点はあるので、ちょっとしたことで嫌いになったり文句を言ったりするようでは、人は離れていきます。

それに、すぐに怒ると、血液のなかにものすごい量の毒素が流れてしまうといいます。怒りは、自分の心とからだの健康にも悪い影響を与えるのです。

広い心をもてば、自分の健康も守れます。

とはいえ、広い心を保つのは、なかなか難しいことだと思います。

どうしたらいつも寛大な態度でいられるでしょうか。

1 相手の長所を見つける。
2 相手からいままでに受けた恩を思い出す。
3 なぜ嫌なことをされたのか、理由や相手の気持ちを考える。
4 自分の家族のように、温かい態度で接する。

これらを実行すると、いつも広い心で構えていられます。

人は、相手の嫌なおこないをなかなか許せないものですが、包容力をもって、相手を許せたら、自分自身も救われて幸せになれます。

広い心をもつ習慣をつけたいものです。

相手を許せたら自分の健康も守れる

034

目標とする人物像を研究する

「こうなりたい」という具体的な理想像があれば、より鮮やかに、自分を変えることができます。

たとえば、俳優やモデル、タレントなど、特定の人物を研究してみるのです。

すると、「笑顔がかわいい」「声がきれい」「肌に透明感がある」「まつげが長い」「立つときの姿勢が正しい」「ファッションセンスがいい」などのポイントがわかります。

また、エッセイやインタビュー記事などを読むと、その人の生き方を学べます。

美しさの秘訣がわかってきたら、ヘアスタイルなどまねしやすいところからとり入れます。すると、笑い方や話し方まで似せられることがあるのです。

憧れの人物を目標にすると、美しく変身していきます。

● ヘアスタイルからでもまねしてみる

3章

気軽な行動でうまくいく

035

自分の直感にしたがう

「直感」がよく当たる人がいます。

そういう人は、たとえば、パートナーの浮気などが敏感にわかります。

これは「第六感」とよばれる感覚でしょう。

直感を磨くには、自分の感じるままに生きてみるといいのです。

たとえば、初めて出会ったとき、直感でいい縁だと感じる人と、そうは感じない人とに分けられます。

いい縁と感じた人から紹介された仕事には、ラッキーなことが潜んでいる場合が多いです。

しかし、直感でいいと感じなかった人から紹介された仕事には、わずらわしいことが潜んでいたり、なんの実りもなかったり、トラブルに遭ったりすることがあります。

なかには、なかなかしつこい人もいますので、早めに縁を切ったほうがいいでしょう。よくないと感じたら、接触しないことがいちばん賢明といえます。

たとえ得になる話をもちこまれても、対応しないことです。

これは、よくあることなのですが、直感が働くようになると、いいことと悪いことの判断がはっきりとついて、運がみるみるよくなるのです。

こうなれば、強運が味方についてきます。

いいことを感じたら、その流れに乗ればいいのです。

悪いことを感じたら、その流れにさからえばいいのです。

運の強い人の多くは、直感にしたがって行動しています。

好きなように生きて成功したいなら、たとえメリットのある話をもちかけられても、直感で悪い感じを受けたら断るようにします。

自分の直感で、自分の身を守ることが大切です。

悪いことを感じたら断る

036

行動力のある人と仲よくする

いつも積極的で行動力のある人のそばには、たくさんの人が集まるものです。

その人のもつ強いパワーを分けてもらいたくて、みんなが近寄ってくるのです。

一方、行動力のとぼしい人と一緒にいると、疲れたり、やる気が起きなかったりします。

ふだん消極的な人は、積極的で行動力のある人と仲よくして、パワーをもらうといいと思います。

一緒にいるだけで元気が出て、モチベーションが高まり、なにか行動しようという気持ちにかき立てられることでしょう。

これは、好きなように生きて成功するには、必要なことです。

行動力のある人は、毎日いろんな人と会ってチャンスをつくり、いい情報を手に入れて、忙しいけれども充実した毎日を送っています。

積極的に動くから運が強化されて、いつの間にか好きなことを仕事にしているというわけです。

では、どうやったら行動力のある人と仲よしになれるのでしょう。

1 行動力のある人のすばらしさをほめる。
2 前向きな気持ちで接する。
3 自分からも、その人にいい情報を与える。
4 その人の夢をきちんと聞く。
5 その人が喜ぶように、きちんと相づちを打つ。

これらを実践すると、相手も気持ちがよくなり、仲よくなれると思います。

積極的に動く人は運が強くなる

037

ひと息ついて元気を出す

人間は、毎日ベストな状態であるとはかぎりません。

体調や気分がいい日もあれば、悪い日もあります。

体調の悪い日は、自分から元気なオーラが出せないときなので、いいことを引き寄せにくくなります。

また、表情も暗くなりますので、まわりにいい印象を打ち出せないでしょう。

そんなときは、ひと息ついて、元気が出る方法を考えます。

どうしても仕事を休めないときは、お気に入りのアロマの精油をハンカチに1滴たらして、香りをかいで癒されてから出かけます。

仕事中は、お気に入りのハーブティーなどを飲んで、気持ちを満足させてから仕事を進めるといいでしょう。

自宅では、顔や爪のケアなどをしてエステ気分を堪能してみると、きれいになる幸福感を味わえます。

ほかにも、自宅でゆっくり過ごして、自分の魅力を磨く時間をつくることが大切です。

そのほか、元気を出す方法にはこういったものがあります。

1 部屋にある不要なものを処分して、すっきりさせる。
2 いま食べたいものを食べに行く。
3 エステサロンでボディートリートメントを受ける。

このようにして、部屋をすっきりさせたり、欲求を満たしたり、からだのケアをして美しさに磨きをかけたりすると、元気は復活するでしょう。

あえて人と会わずに自分をケアする

038

反対されても、あえてやってみる

自分の好きなように生きて成功するには、家族や友達に反対されてもなお、意志を貫き通す必要があります。あえてやってみると、意外と成功するのです。

人は、反対されればされるほど、やる気やファイトがわいてきます。「絶対に、好きな仕事で成功してみせる！」といった気持ちが、心にわき上がることでしょう。

ときには、反対されて、やる気をなくすこともあるかもしれません。

そんなときは初心に戻ってみます。この仕事をしたいと思っていた理由を思い出すと、もう一度がんばってみる気になるのです。

「めげない」「逃げない」「へこたれない」、この3つを心に刻みます。とくにモチベーションが下がったときは思い出すようにします。反対されても粘ることが大切です。

初心がよみがえると、もう一度がんばれる

039

失敗から学んでみる

「失敗は成功のもと」とよくいわれます。この言葉は本当にそのとおりで、失敗すると、成功のコツが痛いほどわかってきます。

失敗をきっかけに成功のコツを学べる人は、どうしてうまくいかないのかをとことん探して明らかにしています。原因がわかったら、その部分をとりのぞき、改善します。ですから、同じ間違いをくり返さずに、華やかなステージへと歩めるのです。

もし失敗したら、ほうっておかずに、うまくいかない原因を確かめることが大切です。そうすれば、運気の流れが整って、仕事運がみるみるよくなります。

ふだん失敗や苦労をあまりしていない人も、失敗したときには、なにかすばらしいものをそこから学び取ってほしいと思います。

学べたら次の間違いがなくなる

040

フットワークを軽くする

フットワークが軽くて、いろんな場所に顔を出す人は、広い人間関係をもっています。こういう人は、いろんなチャンスに恵まれて、自分で運を切りひらけるタイプです。

興味のあるショップやカフェに行く、気になる地方を旅する、勉強になる講演会に行くなど、思いつきを早めに行動に移せると、人生の幅が広がります。

自分のなかの感性が豊かになりますので、仕事にも活かせるのではないでしょうか。

異業種交流会など大人数の集まる会合に、マメに顔を出す人もいますが、それが定期的につづくと疲れることがあります。

大きい会合は、ここぞというときに参加するといいと思います。

一方、フットワークが重い人は、いろんなチャンスを逃しがちです。感性もにぶりやすくなるので、少しずつでも動くことが大切です。

フットワークを軽くするには、家の外で楽しむ習慣が大切です。

好きな美術館に行く、映画や舞台を観る、近所の公園でウオーキングするなど、外出して楽しむ時間を増やしてみます。

家のなかでの趣味も大切ですが、たまには外の空気を吸って、人と会ったり、いいものを観たりして刺激を受けてほしいと思います。

刺激を受けるうちに、外出が楽しくなるかもしれません。

太陽の光、新鮮な空気、イキイキとした緑、季節の花の香りなど、自然のエネルギーを浴びるだけでもいいのです。

自分にとって、なにかしらの実りがあると思います。

思いきって、休日用の靴やバッグなどを新しく買い揃えてみるのもいいでしょう。

外に出かけたい気持ちがわいて、フットワークが軽くなると思います。

気軽に出かけてみると、運がひらけていくことになります。

自然のエネルギーを浴びると実りがある

041

誘いはなるべく断らない

パーティーや趣味の集まりなどに誘われたとき、どれくらい応じているでしょうか。

人は、同じ相手から3回断られたら、もう二度と誘いたくない気持ちになるパターンが多いそうです。

もし自分が友達や同僚を誘う立場になったとき、何回も断られたら嫌な気持ちになることでしょう。相手も同じなのです。

信頼できる人からの誘いは、先約がないかぎり、なるべく断らないほうがいいと思います。

断ってばかりいると、ノリが悪いと思われて人との縁が途切れ、運が下がるのです。

直感的に「行かないほうがよさそう」と感じたときには、行かないほうが無難ですが、それ以外なら、ぜひ誘いに応じたいものです。

とくに、ふだんから尊敬できる人の誘いには、応じてみるといいことが待っている可能性が高いでしょう。

尊敬できる人とは、信頼できる人のことです。

信頼できる人に「こういう仕事をしたい」「こういう夢がある」と話すと、いろんな方面からサポートしてくれる可能性が高いです。

誘う側の人も、信頼できない人には、仕事も人脈も紹介したいとは思わないものです。信頼できる人からの誘いは貴重なものですから、大切に応じます。

チャンスを逃しては、もったいないです。

仕事や新しい出会いは、人が運んできてくれるものです。

人の縁が途切れることは、仕事や出会いにも恵まれなくなることです。

人と会うのが苦手な人は、自分の運を上げるためだと信じて、思いきって誘いに応じるのがおすすめです。

すると、だんだん行動力がついてきます。


信頼できる人からの誘いには積極的に応じる

042

出会った縁を活かす

ある成功者は、

「大物となる人は、ほんの少しの縁も大切にして、その縁を活かす」

と言いました。

まさに、そのとおりだと思います。

社会に出ると、職場のつながり以外に、ワークショップや講演会、異業種交流会、パーティーなどといった出会いの場があります。しかし、たいていの人は、新しい出会いがあっても、それっきりになることがほとんどだと思います。

縁を活かせる人は、ほんのひとにぎりでしょう。

縁は、自ら動いて獲得するものです。

自分の魅力が相手にうまく伝われば、自然と向こうから連絡は来るかもしれませんが、まずは自分から動くことが大切です。

たとえば、名刺を工夫するのもひとつの方法です。

名刺は自分の「顔」の一部といえるものです。写真入りの名刺や、自分の活躍している事業や実績などを裏面に書いた名刺もよく見かけます。

名刺にひと工夫している人は、相手の注目を引けるでしょう。

また、オリジナルの肩書きを使っている人も多いです。

「北欧家具アドバイザー」「下町さんぽ愛好家」「ドーナッ研究家」「マスキングテープコレクター」などと、だれもつけていないオンリーワンの名前をつくることも、人の目を引いて縁をつなぐきっかけになるのです。

いまは、SNSなどインターネットでの交流も盛んにおこなわれていますので、いろんなツールを利用して縁を活かすのもいいでしょう。

自分なりのやり方で、新しい出会いをあとにつなげるのです。

工夫して新しい出会いをあとにつなげる

043

いつもと違う行動をとってみる

毎日、職場と自宅の往復の日々を送る人がいます。

そういう人は、単調な日常を変えたくても、どういう行動をして改善したらよいのか、なかなかわからない人も多いと思います。

近年は、仕事以外の趣味を充実させる人が増えました。

やはり、職場と自宅の往復だけでは物足りないのでしょう。

自分の楽しみを増やして、現状を打ち破りたいのだと思います。

単調な日々を送っている人は、たまには土日などの休日を使って、自分を見つめ直すひとり旅に出かけてみるといいと思います。

家族や友達、恋人など親しい人との旅行も楽しいかもしれませんが、ひとりで、いつもと違った場所に行くことも新鮮で、なにか新しい気づきにつながっていきます。

とくに、旅行には「転地効果」という癒し効果があって、日常を離れておいしいいものを食べる、美しい自然の景色や町並みをながめる、すてきな宿や温泉地に泊まるといった行動をすると、ストレス解消や五感の刺激になるそうです。

また、旅先のリラックスした空間で、自分の夢についてゆっくり考えるのもいいでしょう。これから必要な行動が見えてくると思います。

旅行中に楽しいことをノートに書き出すと、それだけでも気分転換になり、夢への行動力が増します。

旅行は、こんなにもいいことだらけなのです。

人は、いつも同じ空間にばかりいると、やりたいことがわからなくなるものです。

もし遠出が難しいとしたら、日帰りで近場の観光地に出かけたり、自転車や徒歩で山や公園にピクニックに行ったりしてもいいと思います。

いつもと違った行動でストレスをとりのぞくと、心とからだにいい影響を与えます。

そして、自分がいちばんやりたいことを見つめることができます。

美しい場所や温泉地でゆっくりする

044

今日できることは、明日に延ばさない

面倒くさがり屋と、テキパキと行動に移せる人。運気がスムーズに流れるのは、もちろん、後者です。運が強い人ほど、ものごとをすばやくこなします。

人は、気になることをそのままにしておくと、心にモヤモヤがたまって落ち着かなくなるのです。今日できることを今日やるコツは、次のものがあります。

1・朝起きたときと、出社したとき、まわりを整理する。

2・やることリストをつくり、優先順位をつけて、最重要なことからとりかかる。

3・「後回しにすると運が下がる」と自分に言い聞かせる。

これらをおこなえば、いい流れができると思います。

重要なことを早く終わらせると、心の奥からすっきりして気が楽になるのです。

● 重要なことほど早く片づける

045

絶対にできると信じる

自分に自信がある人は、精神的に強くて「不可能」という言葉を使いません。

「可能」「できる」「絶対に大丈夫」といった言葉が口ぐせになっています。

「自分はできる」と思うから、行動力にもますますエンジンがかかるのです。

自信をもって、可能であると思いこむ方法のひとつは、肩書きをつくることです。

世のなかは肩書きで判断されることが多く、やはり肩書きがあるかないかで相手に与えるイメージがだいぶ違ってきます。

肩書きをつくるには、やりたい仕事の技術を少しでも学んで、小さな仕事からでもはじめるといいでしょう。仕事に活かせそうな資格を取ったら、その資格名を名刺に入れます。肩書きや実績、資格などが増えれば、信用度が増すのです。

自分を信じれば明るい未来が待っている

046

小さな目標をつくってみる

夢は、大きければ大きいほど、理想と現実のギャップにさいなまれます。

大きな夢は、すぐにかなうものではありません。

着実に、地道にコツコツとやりつづけて、ようやく手にできるのです。

そのことを忘れると、成功した人に嫉妬したり、深く悩んだり、むなしい気持ちになったりして、苦しくなります。

心理学に「スモールステップの法則」があります。

これは、階段を一段一段のぼっていけば、頂上にのぼる夢をかなえてしまう、という法則です。

はじめから大きな夢をかなえることばかり考えずに、目の前のことに一生懸命にとり組んでみます。

そうすれば、着実にステップアップして、最後には大きな夢をかなえられるのです。

たとえば、保険会社の営業の人は、新規のお客さんと初めて会うときに、「契約を取る」という大きな目標はさておいて、「保険の内容の話をする」だけでもいいのです。話を聞いてもらうことを小さな目標にして、ひとつの階段をのぼることが、次の階段へとつながっていきます。

なにごとも、あせりは禁物です。

あせらず、目の前のことを、ただひたすら片づけるのです。

成功した人は、地道な努力を重ねた結果、いまの地位を築いていると思います。

小さな目標を立てて、一段ずつ、じっくりととり組むことが大切です。

●ひとつの階段をのぼると次につながる

047

成功者のまねをする

目標とする成功者、または関心のある成功者はいるでしょうか。

なにかを成しとげた人は、下積み時代、ごくシンプルで当たり前のことにも、きちんと真面目にとり組んできた人がほとんどです。

たとえば、白熱電球を発明したエジソンは、実験に何度も失敗しても、めげずにやりつづけることで成功しました。

エジソンから学ぶことは、「継続は力なり」です。

あきらめずにやりつづければ、いつかものになる、ということです。

たいていの人は、せっかく好きな仕事を見つけても、学んだだけで終わります。

しかし、成功する人は、たとえ最初はお金にならなくても、地道にコツコツとやりつづけるからこそ、好きなことを仕事にできるのです。

「継続は力なり」という言葉のように、成功者はシンプルなことをきちんとつづけています。

自分が関心のある成功者は、どのようにしてものごとを成しとげてきたのかを、伝記を読むなどして研究してみることをおすすめします。

最初は、その成功法則のまねからでもいいのです。

成功者が歩いた跡を同じように歩いていけば、だんだんと道がひらけると思います。

ただし、悪いことしてお金儲けした人をまねしても、いつかつぶれてしまいます。

そういうことをして富を築いた人は、ニセの成功者で、いつか消えてしまうと思います。

まねしてもいい成功者は、まじめな真の成功者にかぎります。

まねすることから道がひらける

048

憧れの仕事を手にした人と会う

自分が目指す仕事を手にした人に会えたら、きっといい刺激を受けられると思います。

やる気と行動力を上げるスタミナドリンクのような効果が出て、

「自分も絶対に、この人と同じくらい成功する！」

とモチベーションが上がることでしょう。

メイクアップアーティストの佐和子さん（仮名）は、いまの仕事に就く前は、専業主婦でした。生活のすべてを夫に依存し、いつも心苦しくて、さびしい思いをしていました。

あるとき、夫とケンカをして、夫に養われることが嫌になりました。

それがきっかけで「お金を稼ぐ力が欲しい」と切に願い、いろんな講座を受けながら自分探しをはじめました。

佐和子さんは、いろんな講座やセミナーを受けて、メイクアップアーティストの仕事にいちばん関心をもちました。

なかでも、いちばん好きな先生のスクールを受講しました。

受講中は、自分がメイクアップアーティストとして働く姿が頭に浮かびました。

「自分も、先生のように活躍できるのではないか」と、佐和子さんは強く確信したのです。

その後、佐和子さんはスクールでしっかりと技術をマスターし、いまでは立派なメイクアップアーティストとしてひとり立ちしています。

佐和子さんから学ぶことは、「自分がなりたい仕事を手にした人に会うと、将来をイメージする力が強くなって、仕事に向かうやる気と行動力が強められる」ということです。

憧れの人に会いに行ってみることをおすすめします。

いい刺激をもらうとモチベーションが上がる

049

年齢にとらわれない

たとえば、同じ年齢で、別々の考え方のふたりがいるとします。

「もう○○歳だから、がんばっても無理……」

「まだ○○歳。これからの人生がもっと楽しみ！」

前者のように、年齢にとらわれて後ろ向きの考え方の人は、一緒にいる人たちも暗い気持ちになります。まわりの人は離れていくことでしょう。

年齢にとらわれると表情が暗くなり、運をそこなうのです。

一方、後者のように前向きな考え方の人は、まわりにもいい影響を与えます。その人の魅力にみんなが共感するので、協力を得てこれから成功する確率も高いでしょう。

「もう」ではなく「まだ」と考えて、輝いて生きる希望をもつことが大切です。

結局、年齢は単なる記号にすぎないのです。

フランス人は、顔のシワもその人の生きた年輪として、よいものと見なします。とてもすてきな考え方だと思います。

このように、いまの一瞬一瞬の時間を大切に生きて、すばらしい未来を築くほうにエネルギーを使ってほしいものです。

『ベルサイユのばら』などの著作で有名な漫画家の池田理代子さんは、47歳で東京音楽大学声楽科に入学し、いまはオペラ歌手としても活躍しています。

池田さんのような人は、エイジレスな生き方をして永遠に輝きつづけるのだと思います。

自分の年齢は忘れて、いつまでも若々しい心と感性をもちつづけることが大切です。

きっと死ぬまで、輝いた人生を歩んで人に感動を与えることでしょう。

「私はまだ○○歳」と前向きに考える

050

早めに返信する

相手からのメールや電話への返信を早めにできる人は、好感度が高くなります。返信が早いと相手は安心でき、信用度を高めます。

早めに返信することは、相手への思いやりの表れでもあるので、相手を大切にしたいと思うのであれば、返事を遅らせることは避けたいものです。

なにごとも、ためこむことは禁物です。「返信しなければ」ということをためこむと、時間がたつにつれて、心が苦しくなります。したがって、早めに返事して心をすっきりさせておくことが大切です。

目の前のことに忙しく、なかなか返信できないときもあると思いますが、ちょっとした時間を見つけて用事をすませたほうが、幸運はまいこんでくるものです。

● 早めに対応すると信用度と好感度が高まる

4章

「好き」を活かすとうまくいく

051

自分の個性を考えてみる

自分の個性は、どんなところでしょう。

なかなか簡単に答えられないかもしれません。

しかし、ひとりの時間があるときに考えてみることをおすすめします。

個性とは、自分らしさが出ているチャームポイントです。

「ユーモアにあふれていて、相手を笑わせることができる」

「物静かだけど、じつはロック音楽に詳しい」

「明るくて元気で、おいしいお店をよく知っている」

自分自身をよく分析すると、どんな個性をもつのかがわかってきます。

その個性を大切に伸ばせば、確実に仕事に活かせます。

たとえば、いつも明るいオーラをまわりに放つ、太陽のようなイメージの個性をもつのなら、人を元気にさせる看護師や保育士などが向いていると思います。

聞き役になるのが好きで、共感能力が高い人は、カウンセラーなどが向いているでしょう。

お笑い芸人たちも、人を笑わせることが大好きで、ユーモアがあると自分で知っているから、その道で成功したのでしょう。

アナウンサーたちも、話すことが得意で、知的だと知っているから成功したと思います。

自己分析ができない人は、家族や友達、またはキャリアカウンセラーなどの専門家に相談してみるといいでしょう。

自分の個性を理解していないと、方向の違う職に就くばかりで、なかなか思うような生き方ができなくなります。憧れの仕事に就きたいと無理にがんばっても、自分の個性とかけ離れていたら、うまくはいかないのです。

自分の個性はどんな点か、じっくり考えてみることをおすすめします。

個性を活かせば、働きやすい仕事につながる

052

小さいときに得意だったことを思い出す

「好きこそ、ものの上手なれ」という言葉があります。自分にとって好きなことを伸ばせばうまくいく、という意味です。

人は、自分が得意でないことや苦手なことは長くつづけられません。得意なことや好きなことだからこそ長くつづいて、自分の大きな魅力をつくれるのです。

小さいとき、純粋に夢中になれたものは、豊富な可能性を秘めています。

自分が夢中になれたものであれば、才能を開花できます。

プロの歌手の人たちも、子どものときから歌が好きで、その才能を伸ばして仕事にしたと思われます。

一方、何度やってもうまくいかなかったものは、たとえビジネスになりそうでも手を出さないほうが無難です。

好きなことや得意なことを伸ばすほうが、自分の満足度が深まり、成功率が圧倒的に高くなります。

たとえば、絵を描くのが得意だった人はイラストレーター、体育の成績がよかった人はスポーツ系の仕事など、これまでほめられたことが活かせる仕事を考えてみます。

自分の得意分野が思い出せない人は、「これをすると夢中になれる」「楽しくてのめりこんでしまう」といったことを考えてみます。

気をつけたいのは、ただ「お金儲けができるから」というだけで仕事を選んでしまうこと。

なぜなら、そのなかに自分の得意なことや好きなことが含まれないからです。

そういう仕事をつづけても、いつか、むなしい気持ちが襲ってくるでしょう。

できれば、一生つづけられる仕事を見つけてほしいと思います。

そのうえで、その仕事の情熱で人を幸せにできれば、最高の人生を送れます。

得意分野から才能が開花する

053

子どものころの夢を思い出す

天職とは、飽きずにつづけられて、いつも楽しくて、人から喜ばれるすばらしい仕事のことです。

子どものころの純粋で打算のない夢には、天職が眠っている可能性が高いのです。

記憶をよく思い出してみるのはいかがでしょうか。

「幼稚園の先生になりたい」「歌手になりたい」「ケーキ屋さんになりたい」といったように、楽しくてワクワクする夢が、自分のなかにもあったと思います。

思い出すと照れるような仕事もあるかもしれませんが、意外とヒントが隠されています。

「歌手になりたい」という夢なら、歌手になること自体は難しいかもしれませんが、たとえば音楽関係の仕事に就く可能性も考えられます。

自分の夢を派生させると、いろんな職業が見えてくると思います。

野球選手のなかにも、子どものころから野球選手を目指していた人が多いのです。

純粋な気持ちにあふれた仕事だからこそ、いいエネルギーが生まれて、夢をかなえるパワーが強くなるのでしょう。

「いまさらがんばっても無理だ」などと消極的な気持ちはもたないほうがいいでしょう。自分でチャンスを逃さないように気をつけたいものです。

フードスタイリストの由美子さん（仮名）は、子どものころから料理をつくることが大好きでした。料理関係の就職は厳しかったですが、ずっと料理に携わった仕事に就きたいと願っていました。

あるとき、料理研究家の先生と出会い、純粋に仕事への熱意を伝えたところ、料理教室の講師の仕事を紹介してくれたそうです。

子どものころの夢を一途に追いつづけたからこそ、願いがかなったのです。

純粋な気持ちを思い出して、夢をかなえるパワーを強めることが大切です。

可能性をひらいてチャンスを広げる

054

ワクワクすることはなにかを考えてみる

人がワクワクするときは、直感が働いています。

その直感は、「この仕事をめざせば成功する」という予感なのかもしれません。

幸せな気持ちになれるなら、夢をかなえるための情熱をひと一倍注いでいけます。

たとえばファッションが大好きで、雑誌を見たりショップで買い物したりすると胸がときめく人は、ファッション業界で働くとうまくいくと思います。

その純粋な気持ちをつぶさずに行動を起こせば、道はひらけます。心がときめく仕事を見つけたら、資格やスクールなどの資料請求からでもはじめていきます。

風水では、風を起こすことで運をひらけるといわれます。

風を起こすこと、つまり自ら動くことで、仕事運をつかむのです。

心がときめく仕事を見つけて「できる」と信じる

055

飽きない仕事を探してみる

天職とは、一生つづけられるような楽しい仕事だと思います。

見つかるまで、根気よく探してみてはいかがでしょうか。

なにかひとつ興味のある仕事を見つけたら、あまりお金にならなくても、まずはやってみます。なんだかいい仕事だなと思ったら、3年くらいは継続してみます。つづけてみれば、本当に天職となることもあるのです。

二足のわらじからはじめてもいいのです。ひとつは単調な仕事、もうひとつは楽しくて仕方なくて飽きない仕事、というスタイルで生活する人もじつに多いです。

天職を見つけた人のまわりには、好きな仕事で成功した人たちが多いのも特徴です。

天職を見つける秘訣は、そういう人たちと知りあうことだともいえるでしょう。

いい刺激を受けると、飽きない仕事が見つかる

056

いままでの人生でほめられたことを思い出す

人からほめられることは、忘れられないほど、うれしいものです。

教育心理学に「ピグマリオン効果」という法則があります。

これは、教育者（学校の先生など）の期待が大きいほど、学習者（学校の生徒など）の成績が上がる、というものです。

「ピグマリオン」という名前は、ギリシャ神話に出てくるピグマリオン王に由来しています。

ピグマリオン王は、自分でつくった美しい女性の彫刻に恋をしたのですが、彼女に命が宿るように祈りつづけたところ、神によってその彫刻に命が吹きこまれ、ふたりは幸せに暮らしたといいます。その話にちなんで、名前がつけられました。

ピグマリオン効果の実例を紹介します。

アメリカの教育心理学者のローゼンタールらが、ある実験をしました。

まず、小学生に一般的な知能テストを受けてもらい、その結果を担任教師に報告しました。

「このテストでは、これから学力アップする生徒を、確実に予測できます。まだ研究中なので本人に結果を教えることはできませんが、先生にだけ、将来伸びる子の名前を教えます」

それから約1年後。また同様の知能テストをしたところ、前に名前をあげられた数人の生徒は、そうでなかった子に比べて、明らかに成績が上がっていました。

じつは、名前をあげられた生徒たちは、テスト結果に関係なくランダムに選ばれていたのです。にもかかわらず成績に影響が出たのは、担任教師が「この子の学力はアップする」と意識し、そのように育てたからだと思われます。

このことから、まわりの期待が大きいほど、目標を達成しやすいことがわかります。

今までに人からほめられたことを思い出して、その部分を強めることが大切です。

人からほめられた部分は伸びやすい

057 人から感謝される仕事について研究する

人から「ありがとう」と言われる仕事をしている人は、本当に幸せな人だと思います。そういう仕事をすると気持ちがよくて、心が満たされた状態で生きていけることでしょう。

一方、仕事をしても人から感謝されないと、いつまでも満たされない人生を送ることになるかもしれません。

人から感謝される仕事とは、人に喜びを与える仕事のことです。

相手を元気にさせたり、苦しみをとりのぞいたり、勇気づけてあげたりする、すばらしい仕事です。そうすると自分の精神レベルも上がっていきます。

また、人のために動くと、相手が応援してくれます。

人は、自分がしてもらったことにお返しをしたくなる性質をもつからです。

福祉関係や医療関係の人たちも、いろんな人からたくさん感謝されることでしょう。

たとえつらいときがあっても、きっと、相手から感謝されると仕事にやりがいを感じ、心からの幸福感にひたれると思います。

お金持ちの家に生まれた真理子さん（仮名）は、いつもむなしさと闘っていました。なに不自由ない生活を送っていても、心が満たされず、将来の不安ばかり抱えていました。

しかし、大学時代にお世話になった先生と再会して「感謝される仕事を研究しなさい」と言われてから、真理子さんは一生懸命に探しました。

そしてアロマテラピストの資格をとり、サロンをひらくまでになりました。いまでは、アロマの知識を活かして、お客さんの体調改善やストレス解消に役立てています。

このように、人に喜びを与える仕事はどんな仕事なのか、研究してみるといいと思います。とことん探せば、きっと自分にあうものが見つかることでしょう。

人に喜びを与えると自分も心が満たされる

058

好きな仕事で成功した人のセミナーへ行く

好きな仕事で成功した人は、全身がパワーに満ちあふれ、最高のプラスのオーラに包まれています。

そういう人からいい「気」をもらうことは、なによりも自分の仕事運を強める特効薬となります。

また、自分がやりたい仕事で成功した人のセミナーや公開講座、講演会、トークショーに行くと、なぜその人が成功したのかがわかってきます。

そういう場所に行くと、次のようなメリットがあります。

1 人を引きつける魅力がわかる。
2 仕事をつなぐコツがわかる。
3 その人の仕事のノウハウがわかる。

4 プラスの「気」をもらえる。
5 アイディアが浮かんでくる。

このほかにも、たくさんのメリットがあると思います。

成功した人を研究してみると、自分の仕事を天職へとつなぐ方法がわかることでしょう。

セミナーなどの開催情報は、SNSやメールマガジン、新聞、専門誌などに掲載されています。自分が行きたいセミナーを探すと、自然と情報を引き寄せやすくなるので、より意識が高まります。

セミナーに行ったら、そこで感じたことをノートに箇条書きで書き出します。

そうすると、今後どう動けばいいのかがわかってきます。

そして、その行動を実践できる人が、夢をかなえるのです。

感じたことをノートに書き出す

059

本屋さんに行き、直感で本を買う

本屋さんは、仕事運を高めるためのおすすめのスポットです。ベストセラーのコーナーに行くと、社会の動きや流行などがわかるので、いいアイディアが浮かんできます。

本屋さんに行ったら、自分の直感を頼りにして、いちばんピンときた本を買ってみるのもいいでしょう。

そこには、天職を見つけるカギが潜んでいるかもしれません。

旅行ライターの由里さん（仮名）は短大卒業後、就職先が見つからず、ずっとアルバイトをして生活していました。「好きな仕事を見つけたい」という強い気持ちはあっても、なかなか自分にあう仕事が見つかりませんでした。

アルバイトの契約期間が切れて休養をとっているとき、本屋さんに行くと、あるエッセイストの書いた旅行エッセイが目にとまりました。

由里さんはその著者に興味をもち、どうしたら旅行ライターになれるのかを教えてもらうため、ファンレターもかねて手紙を出しました。

約3か月後、返事が来ました。ふたりは、それから手紙やメールで何度も文通を重ねました。

そして、由里さんはそのエッセイストのアシスタントとして働くことになり、いまでは独立して旅行ライターとして活躍するまでになったのです。

自分の直感を信じて、情熱的に行動した由里さん。もし、本を読んでいただけで手紙を出さずにいたら、旅行ライターの夢は遠かったと思います。

直感を頼りにして、地道に動いたことが功を奏したのです。

1冊の本で運命が変わり、天職が見つかった由里さんのように、本屋さんへ足を選んでみてはいかがでしょうか。

ピンときた本に成功のカギが潜んでいる

060

まわりが喜ぶ仕事をする

仕事で成功するには、まわりにいる多くの人々の助けが必要です。

人から言われるままに嫌な仕事をするのは、やめたほうがいいでしょう。

自分もまわりも、みんなが幸せになれる仕事を根気よく考えてみます。

そのような仕事は、社会貢献ができて、正統派の仕事だと思います。

後ろ指をさされることもなく、一生つづけられることでしょう。

また、「有名になりたい」「お金持ちになりたい」などの欲ばかりが先行すると、天職にはたどり着かないと思います。

その仕事を通して、みんなが幸せになるかを真剣に考えることが大切です。信頼できる人に話してみて、応援してくれれば、その仕事は現実になることでしょう。


自分も人も幸せになれる夢ならきっとかなう

061

家族に仕事の相談をする

家族とは仕事の相談をしたくない、という人がいます。

「親から説教されるのが嫌だ」「親の言いなりになって仕事を選ぶのは嫌だ」「親の仕事を継ぐのは嫌だ」といった心配から、家族には相談できないのかもしれません。

しかし、家族が味方になってくれることは多いものです。相談すれば、自分の心にたまっていた悩みが減ると思います。友達や知人に相談してもいいですが、家族だからこそ言えることがあるかもしれません。

身近な人に心の声を打ち明けるだけでも、だいぶ楽になるものです。

また、年上の相手から、仕事で成功したコツや苦労話を聞いてみることもおすすめです。彼らの大変さがわかると、自分もがんばろうとエネルギーがわいてきます。

悩みを打ち明けるだけでも楽になる

062

関心のあるワークショップに行く

好きな仕事を探すとき、通信教育やワークショップ、体験セミナー、カルチャーセンターのパンフレットをとり寄せたり、SNSやウェブサイトを検索したりして、ながめてみるといいと思います。

料理から編み物、絵、音楽、カメラ、外国語、家庭菜園まで、探すといろんな種類の講座があります。

興味のある講座を見つけたら、ひとまず受講してみます。

回数制の講座に通うと授業料がかさむことがありますが、1回だけ受講できるものもありますので、気軽に参加できると思います。

また、講師の先生から直接、いまの仕事に就いたきっかけや、生計を立てるまでのノウハウなども聞けるかもしれません。

関心のある講座にいくつか参加して、いちばん興味を引かれたものを深く勉強してみることをおすすめします。

参加するうちに、自分と同じように「好きな仕事で成功したい」と願う人と出会うこともあります。

同志としての友達ができると、お互いに励ましあったり、情報を交換したりと、いい影響を与えあうことができます。

フラワーアレンジメント講師の美智子さん（仮名）も、カルチャーセンターで受講して、「本格的に仕事がしたい」という夢をかなえたひとりです。

講座に通っていたとき、カルチャーセンターの玄関の入り口に講師募集の貼り紙を見つけて、思いきって売りこみをしたところ、講師として採用されたそうです。

講座通いが大きなきっかけになって、憧れの仕事で活躍できたのです。

まずは、関心のある講座を探すことからはじめることです。

そこで、いい刺激を受けてみるのです。

講師や参加者からいい刺激をもらえる

063

気になる仕事に積極的に挑戦する

興味のわく仕事を見つけたら、挑戦してみるといいと思います。

そして、どんなにがんばっても限界だと思ったら、次の仕事にアタックします。

AがダメだったらB、BがダメだったらC。

このように、天職が見つかるまで探しつづけてみることが大切です。

あわない仕事とは縁が切れていき、天職となる仕事が最後に残ります。

「絶対にいい仕事が見つかる」とポジティブに気持ちを奮い立たせれば、いつか実るときが来るのです。

若いうちから天職が見つかる人は、めったにいません。

たいていは、しばらく一般的な会社員生活を送って、好きな仕事と嫌いな仕事がわかってきてから、ようやく「好きなことで成功したい」という願いが募ってくるものです。

ですから、希望と違う会社に勤めることも、ときには必要です。

そういう経験があるほうが、人の苦悩に共感できますので、人から感謝される仕事に就きやすくなります。

実際に気になることが見つかったら、情熱を注いで行動します。

スクールやワークショップ、体験セミナーなどに通う費用が多少かかったとしても、決してムダにはなりません。

スクールで学んだことは、将来に活かせばいいのです。

たとえば、シナリオのスクールに通ったのにシナリオライターになれなかったとします。しかし、そこで文章の技術を学べたら、執筆の仕事ができるかもしれませんし、お店をひらいたとき、ホームページに巧みな文章を書いて集客につなぐことができるかもしれません。なんにでも活かす場があると思います。

やりたい仕事があったら、素直に挑戦することが大切です。

遠回りはムダにならない

064

苦手なことには手を出さない

人は、得意なことには実力を発揮できますが、苦手意識があると調子が狂いやすくなり、うまくいかないものです。

だれでも、苦手なものに積極的には手を出さないものかもしれませんが、ときに、大きな金銭的メリットがあると手を出してしまうことがあると思います。

自分の苦手なことはなにかを考えてみることをおすすめします。

たとえば、子どものとき運動神経がにぶくて体育が苦手だったとします。

そういう人は、スポーツの世界に憧れても、うまくいく可能性が低くなります。その分野の能力を授かっていないと、憧れだけでは厳しいのです。

「適材適所」という言葉があります。

この言葉のとおり、人は、自分にあう場で活躍することで能力を発揮でき、成功に導かれるのです。

苦手なことに手間をかけるよりも、自分にあう仕事を探すことにエネルギーを使うほうが、効率良く前に進めます。

やはり、得意なことを貫いて生きるほうがいいでしょう。

ある食品会社の社長の話です。

彼は若いころから、事務作業のように単調な仕事は苦手だから避けて、自分の得意な営業の仕事をしていました。その結果、いまの地位を築けたといいます。

彼は苦手なものにはいっさい手をつけずに、得意なことだけを伸ばしたからこそ成功したのです。

この社長のように、苦手なものを徹底的に排除していくと、好きな仕事だけを地道にやるスタイルが自然にできてくるのです。

人は自分にあう場で能力を発揮できる

065

波長があわない仕事はしない

興味をもった仕事を一定期間がんばってみても、「なんだかおかしい気がする」「どう考えてもできそうにない」「居心地がよくない」「自分が思い描いた世界とは、違っていた」。そんな気持ちになったら、早めにやめることが大切です。

天職とは、気持ちよく働けて、幸福感に満ちていて、自分と波長のあう仕事のことです。

波長のあう仕事だと、働いているときも、その仕事に就くための勉強中も、一点の曇りもない気持ちでいられます。

そのようなことが感じられないようであれば、方向転換してみることをおすすめします。波長があわない仕事を無理につづけると、健康にもよくないのです。

「天職に違いないから、がんばれば報われるはず」と思いこんで、我慢しつづけると、いつかストレスで自分を苦しめる結果になります。

ストレスでいっぱいになる前に、本当の天職探しにエネルギーを注ぐことが大切です。

テーブルコーディネーターの恵美さん（仮名）は、20代なかばのころ、とにかく手に職をつけたい思いでいっぱいでした。

そんなとき、新聞で広告を見たのがきっかけで、医療事務のスクールに通うことになりました。しかし、あまりにも学ぶ内容が多く、自分が心からやりたい仕事ではないと感じて、途中できっぱりとやめました。

その後、恵美さんは知人の家ですてきなテーブルコーディネートを見て、その美しさのとりこになり、セッティングや演出方法などの勉強を熱心にはじめました。

そして数年後、フリーランスのテーブルコーディネーターとして活躍するまでになったのです。

十分努力してもあわないと思ったら早めに方向転換して、新しい道を探すほうが賢明です。

できるだけ早く方向転換する

066

憧れの人物の仕事にチャレンジしてみる

世のなかには、好きな仕事で成功して輝く人がいます。

起業家と呼ばれる人たちの多くは、その人ならではは感性を活かして活躍していると思います。

憧れの人物がいたら、その人を研究してみてはいかがでしょうか。

やりたい仕事、好きな仕事が見つからない人は、まず憧れの人物の仕事にチャレンジしてみることです。

失敗は成功のもとですから、恐れずにチャレンジしつづけてほしいと思います。

もし、憧れるような人物がいないとしたら、本屋さんへ行ってみることをおすすめします。

起業で成功した人の本がたくさんありますので、そういう本からいい刺激を受けられると思います。

スケールが大きいですが、ココ・シャネルなどの有名人の伝記などを読んでみても、いいヒントがもらえることでしょう。

ネイリストの美穂さん（仮名）は、短大卒業後、ずっと商社で働いていました。

平凡な毎日に飽きてきたとき、あるネイリストの本を見つけました。

美穂さんは、その人のネイルの美しさや技術、生き方、ルックスまで、すべてにほれこみ、ネイルスクールに通うことになりました。

土日を利用して、一生懸命に勉強しました。

そして数年後、なんと会社を辞めてネイルサロンで働くことになったのです。

いまでは、独立してネイルサロンを経営するまでになりました。

美穂さんから学ぶことは、いまの現状を打ち破りたいと願う熱い気持ちです。

理想の自分に向かう情熱が夢をかなえるのです。

憧れの人物からヒントがもらえる

067

実績を積む

フリーランスで仕事をする場合、実績がないとなかなか厳しいものがあります。まだ実績がない人は、ボランティアからはじめることをおすすめします。

佳代子さん（仮名）は、大好きなアートネイルをスクールで学びました。そこからどうやって道を切りひらけばいいか、知人に相談したところ「福祉施設のお祭りに参加し、ネイルのサービスをしてみませんか」と誘われました。佳代子さんはすぐに快諾しました。そして、施設でのボランティアの実績をもとにサロンなどへ売りこんで、いまではプロのネイリストとして活躍できるまでになったのです。

このように、最初は収入にならなくても、あとに大きな効果を生み出せることがあります。実績を積み重ねれば、社会から認められて、仕事が増えていくのです。

●最初は収入のことは考えない

5章

人を喜ばせると
うまくいく

068

目の前にいる人を大切にする

人を喜ばせて感謝されるには、まずは家族や友達、同僚など身近な人を大切にすることです。

家族を置き去りにして、社会貢献のために仕事をがんばっても、本当に大切なものを見失い、運は一気に下がることでしょう。

目の前にいる人を大切にすれば、その人たちからの支援を受けて仕事をできますので、ますますハッピーオーラに満ちて活躍できます。

インドのコルカタ（カルカッタ）にある、マザー・テレサの設立した「死を待つ人々の家」には、世界中からボランティア志願者が来るといいます。

しかし、マザー・テレサは「まずは母国へ帰って、自分の目の前にいる人を大切にしなさい。大切にできるまでは、ボランティアはできません」と言うそうです。

本当にそのとおりです。

自分のことばかり考えたり、自分の運を上げたいがために善行をおこなったりしても、幸運の女神様は味方になってくれないと思います。

自我が強くなると、運の流れが乱れてしまうのです。

自我をはずして、自分の目の前にいる家族や友人を大切にする生き方ができれば、大きな強運をつかんでいけます。

自我をはずすことは難しいかもしれませんが、まずは目の前の人の幸せを考える必要があります。

まわりの人の支援なしで成功はつかめませんから、結局は、身近な人を大切にすることで自分も幸せになれるのです。

ハッピーオーラに満ちて活躍できる

069

相手に花をもたせる

会話中、自分の話をするのと、相手の話を聞くのとでは、どちらが多いでしょうか。

もし自分ばかり話しがちであれば、注意が必要です。

人はだれでも、話を聞くよりも、自分の話を聞いてほしいと願うからです。

自分中心に話す人は、人間関係がうまくいっていないことが多いと思います。

そういうタイプの人は、まずは自分の主張を抑えることが大切です。

自分より相手を立てることに集中すれば、人間関係がよくなり、結果としていい仕事や恋愛につながっていきます。

自分中心に話すと、相手から「次はもう会いたくない」と思われてしまうので、会話中は、相手に花をもたせることを心がけます。

相手に花をもたせるコツには、このようなものがあります。

1 相手の目をときどき見つめながら話を聞く。
2「すてきですね」「すごいですね」「さすが」などと相づちを打つ。
3 楽しそうに微笑みながら話を聞く。
4 話の流れのなかで、相手の興味を引くような質問をする。
5 無関心な態度は見せない。
6 時計や携帯電話を見るそぶりを見せない。

これらを心がけるだけでも、相手の心をつかめると思います。
相手の話を聞いている態度を見せて、誠実な印象を与えることが大切です。

相手の話を聞くことから人間関係はうまくいく

070

励まし上手になる

世のなかは、ストレスがあふれています。だれもが、将来の不安や、自信のなさ、他人への嫉妬などに悩まされています。

落ちこんだ人を元気にするには、励ましの言葉をかけてあげることです。

心をこめて励ましの言葉をかけるだけでも、落ちこんだ相手の心は癒されて元気が出てくるでしょう。

人を励ますとき、ひとつ気をつけたいことは、心をこめずにただ口先だけになることです。

当たり前ですが、心をこめて励ますからこそ、相手の心に伝わって、救ってあげられるのです。口先ばかりだと相手に見抜かれて、逆効果になります。

相手の気持ちを自分に置き換えれば、苦しい気持ちが理解できると思います。

すると、励ましたい気持ちが自然にわき起こり、優しい言葉をかけることができます。上手に励ませたら、自分の存在がみんなから求められ、自分を応援してもらえると思います。

仏教に「愛語施《あいごせ》」という言葉があります。

これは、相手にとって励みになったり、勇気が出たり、元気が出たりする言葉をプレゼントすることをいいます。

良寛《りょうかん》さんという江戸時代のお坊さんは、貧しくて人にあげるものをなにひとつ持ちませんでしたが、心のこもった言葉をプレゼントすることに徹したそうです。そうやって愛語の精神で生きたので、村中の人から好かれて幸せに暮らしました。

この愛語施という言葉を大事にして、自分の心に刻んでおくと、どんな人間関係でも好転し、いい縁に恵まれることでしょう。

人の痛みを自分に置き換えて理解する

071

相手の存在価値を認める

人はだれでも、自分の存在価値を認めてもらいたいものです。

自分を認めてくれる人のことを好きになります。逆に言うと、人をほめることで、人脈はさらに広がり、いいことがたくさん起こります。

人をほめるときは、一対一よりも大勢の前でほめたほうが、その人の満足感は大きくなります。人前でほめられると、多くの人に自分のすばらしさが伝わるからです。

また、しかるときも、いきなり「〇〇さんは、もっとがんばってくれないと困るよ」と言うよりも、「〇〇さんのアイディアや才能を見こんでいるんだよ」などとほめながら相手を立てると、相手の長所が伸びていきます。

なにごとも言い方ひとつで効果が変わるのです。

相手を立てると自分の運も好転する

072

相手の成功体験をほめたたえる

人は落ちこんだときこそ自信を復活させたいので、だれかから過去の成功をほめてもらうと喜ぶものです。ほめ言葉は、大きな心の支えとなり、自分をほめてくれた人に深い信頼感を寄せるでしょう。

相手のほめるところが思いつかないときは、その人の長所を見つけて、ほめたたえてあげます。長所を引き出すには、子どものころ得意だったことなどを質問するといいでしょう。

その答えを聞いたら「すごいね」「えらいね」などとほめてあげます。

相手の自慢話を聞かされても、ずっと話をしてもらいます。すると、相手は気持ちよくなって、心から喜んでくれます。その結果、自分にもいい影響があるのです。

落ちこんだときこそ、ほめ言葉が効く

073

優しい目元で接する

「目は口ほどに物を言う」という言葉があります。

目は、心の窓です。目の表情には、自分の心の声が表れるのです。

その声を相手に伝えるには、アイコンタクトが大切です。

人は、目と目があうと、心が通じあったような気持ちになります。

そのときに優しい目元で接したら、相手の心をなごませて、好印象を与えます。

仏教で「慈眼施《じげんせ》」という言葉があります。

これは「慈《いつく》しみと愛情のこもった目で相手に接する施《ほどこ》し」という意味です。

もし自分が、だれかから優しいまなざしを向けてもらえたら、とてもうれしい気分になるでしょう。

しかし、相手の目元が鋭かったり、値踏みするような感じだったりすると、不快に感じ、二度と会いたくないと思うはずです。

それほど、目元の印象は大切なのです。

顔見知りだけどお互いにまったく話したことがない、という相手でも、目と目で通じあえれば、心理的な距離感は縮まります。

近い距離で話せないときは、目元を優しくすると交流できます。

心とからだが疲れているときは、目がよどんでいるかもしれません。

しかし、相手に誠実に対応したい思いがあれば、心から微笑んで、自然に目元も優しくなるでしょう。

たとえ目が充血していても、思いやりであふれていたら、その優しさが目に表れます。

心は、目に反映するのです。

いつも微笑んでいるとみんなの心がなごむ

074

相手の興味を知っておく

コミュニケーションを円滑にするには、あらかじめ相手の興味や好きなことを知っておくことが大切です。

心理学で「類似の法則」があります。

これは「人は自分と同じような価値観や趣味、同じ出身地などをもつ相手に好意をもつ」という法則です。

たとえば、自分に新しい仕事を紹介してくれる人に会うとします。

そのとき、相手の好きな食べ物が老舗の和菓子店の最中《もなか》だとしたら、実際にその最中を手土産にすると、相手はとても喜んで、お店や最中の話で盛り上がります。

相手から好印象をもたれて、きっといい仕事を紹介してもらえることでしょう。

相手の趣味や興味を前もって知るのは、なかなか難しいかもしれませんが、共通の知人に聞いたり、その人のＳＮＳやウェブサイト、ブログを読んだりして情報を集めれば、うまくいきます。

類似の法則を応用すると、仕事運だけでなく恋愛運も強めることができます。

たとえば、相手の好きな音楽や映画監督を把握して話題に出すと、ライブがあるときや新作映画が公開されたときにデートに誘われやすくなります。

自分の好きなように生きて成功するには、人とのつながりが大切です。

それも、1回で終わらずに、関係をつなぐことが大事なのです。

相手の興味や好きなことを知っておいて、会話のなかで引き出すようにすれば、相手から好かれ、いい縁に恵まれます。

また、何度か会ううちに、その人の好みがわかってくるので、そこを広げていき、相手に喜んでもらえるようにします。

人は同じような価値観の相手に好意をもつ

075

お世話になったらお礼する

だれかのお世話になったら、感謝の気持ちを表すことが大切です。

不動産会社事務の雅美さん（仮名）は、職場の人からも、取引会社の人たちからも大人気です。

約束ごとはきちんと守り、愛想もよく、礼儀を欠かさないタイプですので、みんなが雅美さんのファンになるのです。

雅美さんは、お世話になったお返しに、相手の好きなお菓子や旅先で買ったお土産などをプレゼントするようにしています。

人は、恩をもらいっぱなしの人を「礼儀知らず」という目で見るものですが、雅美さんはそんなことがまったくないので、次から次へと味方をつくるのです。

日本人の多くは、やはり礼儀正しい人に好印象をもちやすいと思います。

そして、人は好印象を一度もつと、ずっとそのイメージをもちつづける傾向があります。

ですから、自分の好感度を上げてファンをつくりたいのなら、人からお世話になったときは、雅美さんのようにお返しをプレゼントするとよいのです。

また、人はものをもらうこと自体もうれしいと思いますが、それよりも、プレゼントにこめられた感謝の心のほうに感動するのです。その感動が、自分の好感度をさらに上げていきます。

また、そうしてファンになった人は、自分が好きな仕事でがんばろうとするときにも、その人はよきアドバイザーとなってくれるはずです。

そのなかから、自分を天職の道に引っぱってくれる、人生の師といわれる「メンター」が現れるかもしれません。

礼儀を忘れないようにして、自分の味方を増やすことが大切です。

感謝の心をおくると相手は感動する

076

グチを聞く

仏教に「抜苦与楽《ばっくよらく》」という言葉があります。

これは読んで字のごとく、人の苦しみを抜いて、楽を与える、という意味です。

人に喜びを与えるための基本的な柱となる考えだと思います。

人間として生まれてきたのですから、どんな人であっても相手が悩んでいるときは、情けをかけることが私たちの大切な使命のひとつなのかもしれません。

その情けを忘れたら、心の成長は止まってしまいます。

情けという優しさは、忘れずにいたいものです。

人の苦しみをとりのぞく行動のひとつが、グチをよく聞いてあげることです。

自分が疲れているときに、友達や同僚からグチを聞かされると、ちょっとつらいかと思います。しかし、少し我慢して聞いてみます。

相手が苦しいときにグチを聞けたら、その人を救うことになるのです。

人のグチを聞くことは、自分の人間性を高めるのです。

ただし、人のグチを聞いたあと、自分のなかに、ためこまないことです。

人の邪気を吸いこんだままだと、自分自身が疲れ果ててしまいます。

自分がいちばん癒される、ストレス解消法を3つは用意しておいて、自分で自分を癒してあげるようにします。

グチを聞いたあとは、ごほうびとして、自分を愛する時間をたっぷりとります。

旅行する、カラオケに行く、おいしいケーキを食べる、お風呂にゆっくりつかるなど、気が晴れることならなんでもいいです。

そうすると、グチを聞いても嫌な気分が残らなくなります。

情けという優しさが心の成長につながる

077

人の苦しみをとりのぞいて、楽にする

自分だけ幸せになればいい、という自己愛の強い人は、運をつかむことは難しいと思います。神様は、苦しんでいる人を救う人が大好きなのです。

仏教の「抜苦与楽《ばっくよらく》」という言葉を胸に刻めば、よい運を味方につけられます。人を救った分、見返りを求めなくても、相手から感謝のプレゼントをもらえるからです。

強運になりたい下心から人に良いおこないをするのは、なにもしないよりは、ましでしょう。多少は運がよくなります。

しかし、最強の運を手にするには、まわりの人に情を注げる生き方をしたほうがいいと思います。

人は、思いやりがあって心ある人のそばにいたいものなのです。

みんなの幸せを考える

078

挨拶状を書く

自分の品格を上げるおこないのひとつが、お礼状や季節の挨拶状を書くことです。

やはり手書きの手紙は、メールより、もらった相手に深く印象づけます。

初対面で名刺をもらって、それっきりで終わらせないためには、手書きのお礼状が功を奏します。

お礼状は営業ツールにもなってくれるのです。

きちんと丁寧に、心をこめて書いたお礼状は、相手の心に響きます。

ほんの少しでも、書く時間をつくってみるのです。

いつもハガキやレターセットと切手をバッグにしのばせておくと、書きやすいと思います。

● 心をこめた手紙は相手の心に響く

079

人の嫌がる仕事をあえてこなす

人がやりたくないことをすると、尊敬の念をもたれやすくなります。

だれもやりたくない仕事を自ら積極的にこなせる人は、それだけで一目置かれます。

たとえば、ゴミが道端に散乱していたら、どうするといいでしょうか。

ゴミを見てもそのまま素通りする人を、しばしば見かけますが、とてもむなしい気持ちになります。

初めての町でも、やはりその土地の人や通行人が気持ちよくなるために、ゴミを拾うことが大切だと思います。

職場でも、人の嫌がる仕事をこなしていけば、求めなくても、自分の評判は確実に上がります。さりげなく振るまうことで、自分の好感度が上がるのです。

たとえば人の嫌がる仕事で、すぐにできるものには、こういったものがあります。

1　朝早く職場へ行って、共用の机のふき掃除をする。
2　引っ越しや席がえのとき、積極的に手伝う。
3　社員旅行や歓送迎会の幹事を引き受ける。

これらをするだけでも、好感度と信頼感が高まっていきます。

人の嫌がる仕事を積極的にすると、自分の精神レベルが上がり、運を味方につけることができます。

ただし、仕事運を上げるためだけに嫌な仕事をする、という下心はもたないほうがいいと思います。

さりげなく行動できたら一目置かれる

080

困っているときは早めに助ける

友達や同僚が困っているときや苦しんでいるときは、早めに手を差し伸べてあげたいものです。

困っている人を助けられなかったら、自分が困ったときには、だれも助けてくれなくなります。

この世は、因果応報《いんがおうほう》です。

いいことをすれば、いいことが起きます。悪いことをすれば、悪いことが起きます。自分がとったおこないが、そのまま自分に返ってくるのです。

仏教で「捨身施《しゃしんせ》」という言葉があります。

これは、自分の肉体を使って人を救う、という意味です。

困っている多くの人を救ってきた修道女マザー・テレサは、捨身施の精神を貫いた人だと思います。マザー・テレサのように崇高な生き方をすることは厳しいかもしれませんが、せめて少しでもその美しい精神に近づけたらよいのではないでしょうか。

心ある人の話を紹介します。深夜の電車で、ある女性が突然、車内で嘔吐《おうと》してしまいました。まわりのだれもが、知らないふりをしていました。

しかし、彼女からだいぶ離れたところにいた中年男性が、一生懸命に、嘔吐物を手持ちの新聞で掃除したり、女性をホームに連れていったりして助けてあげたのです。最後まで、その男性以外だれも助けはしませんでした。

その男性のなかにある慈悲の心はすばらしいものです。

そのおこないは、まさに自分の肉体を使って人を助ける捨身施です。

人が困っているときに、他人に対しても自分の肉親のように救える人は少ないと思います。

それでも、困っている人を救えるようなら、いつか自分が困ったときも助けが返ってくることでしょう。

いいことをすれば、いいことが起こる

081

サクセスストーリーの映画を一緒に観る

友達や同僚が仕事で悩んでいたら、ハリウッド映画などのサクセスストーリーの作品を一緒に観に行くことをおすすめします。

主人公が苦難を乗り越えて成功をおさめる物語は、心がワクワクして、嫌なことをぬぐい去る効果をもたらします。

一緒に行った相手のモチベーションが上がって自信が復活しますので、誘った人に対して感謝の気持ちでいっぱいになると思います。

相手が仕事で悩んでいるときこそ、成功話を紹介してあげます。

そんなとき、悲しい映画や恋愛映画よりも、サクセスストーリーのほうがおすすめです。成功を疑似体験することが大切だからです。

自分の心にゆとりがないときは、まずは自分がサクセスストーリーの映画を観て、元気をとりもどせたら、相手を誘います。

同じ映画でも、いい映画なら何回観ても飽きず、心が幸福感に満ちあふれてきます。

世界中で大人気の『キューティ・ブロンド』という映画があります。

この映画は、エリートの彼氏にふられた女子大生のエルが、その逆境をバネにして弁護士になる、まさに元気いっぱいのサクセスストーリーです。

主人公のエルはピンク色が大好きで、ファッションもピンクばかりなので、映画を観るだけで幸福感をとりもどせると思います。

相手を誘うとき、ただ単に「映画の券があるから」だけでは、心には響かないでしょう。

コツは、「絶対に一緒に観たい映画がある」といったように、映画の感動を分かちあいたい、という強いメッセージを伝えることです。

成功を疑似体験すると幸福感があふれる

082

相手の苦しみを理解する

人の苦しみや悲しみを理解してこそ、相手は心をひらいてくれます。

その人の根底にあるものを優しくケアしてあげれば、その人からより好かれていきます。


人から好かれることは、運を高めるための基本です。

人から好かれるには、まずは自分から人を好きになる必要があります。

人は、だれもが自分の苦しみを理解してもらいたいのです。

そして、優しい愛情のシャワーをいっぱい浴びたいのです。

ただ単に「悩んでいてかわいそうだ」と思いやる気持ちでも十分いいですが、一歩踏みこんで、相手の苦しみを我が身に置き換えれば、もっと理解できます。

100パーセント理解できなくても、少しでもその人の苦しみを感じれば、自然と相手の心をなごませることができます。

しかし、相手が自分の苦しみを心に閉じこめている場合、どのようにしたら話してくれるでしょうか。

心理学には「自己開示の返報性」という言葉があります。

これは「もしその人とより親密になりたければ、自分から、言えなかった苦しみや悩みなどを話せば、相手も心をひらいて、自分の苦しみなどを話してくれる」という意味です。

ですから、相手の心をオープンにするには、自分から秘密や悩みを打ち明けることが必要なのです。

そうすれば、相手も自然と、かたくなな心を解かしていきますので、自分のことを話してくれると思います。

相手の苦しみを理解することが、人から好かれる秘訣なのです。

自分から話せば相手も心をひらく

083

知足という言葉を伝える

世のなかは、満たされないことが多いものですが、それでもどこか満たされていることに気づけば、幸福感を味わえます。

仏教で「知足《ちそく》」という言葉があります。

これは「足るを知る」という、読んで字のごとく、自分の置かれている環境に感謝する、という意味です。

住む家があり、家族や友達がいる、それだけで幸せなことなのです。

その宝物に気づけたら、自分の心は満たされます。

もちろん、「そんなことでは満たされない」という人も多いでしょう。しかし、人間の欲望は無限です。ひとつ願いがかなっても、次から次へと欲望があふれ出ます。

モチベーションを上げるには、多少の欲も必要かもしれませんが、まずは自分の環境に満足し、感謝します。

生きているだけで、奇跡のようなものです。

いまは毎日といっていいくらいに交通事故や殺人事件、病気などで亡くなる人がいます。

そんななか、いま、この瞬間を生きているだけで、ありがたいことなのです。

生きていられるありがたみを忘れてしまうから、ときに神様は「感謝する心を忘れてはいけない」という戒めの気持ちで、私たちに試練を与えるのでしょう。

知足を理解できれば、私たちは不幸に遭遇することは少ないと思います。

知足の心を感じたら、大切な人にも知足の言葉を伝えます。

悩んで、満たされない心でいっぱいの人には、早めに知足の言葉を伝えてほしいと思います。

ただし、心から知足を感じていないと、相手には伝わりにくいものです。

すばらしい知足の言葉を、いろんな人に伝えることをおすすめします。

生きているだけで奇跡であり満たされている

084

新しい自分に生まれ変わる

どんなに大きな失敗をしても、反省と前向きな気持ちがあれば、再び輝けます。

神様は、謙虚で前向きな人の味方になってくれるのです。

新しい自分に生まれ変わるには、本当に反省しているのか、別の道へ行くときも自己中心的な思いが含まれていないかを、冷静に見つめ直すことです。

また、大きなトラブルに遭ったときは、「どうしてこんなことになったのか」をよく考えてみることが大切です。

冷静になると、改善点がわかって、幸せな未来の築き方がわかってきます。

運と縁に恵まれるには、自分と人を愛することです。自分と相手とが幸せになることをすれば、たくさんの支えをもらえて新しい自分に生まれ変われます。

冷静に反省すればもう一度やり直せる

6章

イメージングでうまくいく

085

成功した自分を思い描く

自分が成功したシーンを思い描くと、とても幸せな気持ちになれると思います。

一日のうち、朝と晩のモヤモヤとした意識のときに、自分が成功したシーンを思い描くと、実現しやすいといわれます。

潜在意識研究の第一人者といわれるジョセフ・マーフィー博士によると、成功者の多くは、自分の夢がかなったシーンを想像する、いわゆる「イメージング」を実践していたといいます。

好きな生き方で成功したければ、いますぐイメージングを実践することです。

ある俳優も、「アカデミー賞に選ばれる」シーンを、ずっと思い描いていたといいます。

やはり、そのイメージングのもつ強いパワーによって、その俳優は見事に賞をとれたのです。

イメージングで成功した人たちはたくさんいます。

成功者は、楽しみながらイメージングしているから、うまくいくのです。

「夢をかなえたいけど、本当に成功するだろうか？」と不安な気持ちでイメージしても、本当の成功はつかめません。

成功者はいつも、心のなかで夢を楽しみながら信念をもって、イメージを描いているのです。

「必ずそうなる」という確信をもつために、願望を書き出す方法もあります。

毎日、短い文をメモ用紙などに書いて、読み上げて、貯金箱や空き箱など小さな箱に入れるのです。

これを習慣にすると、イメージングをパワーアップしてくれることでしょう。

潜在意識には、不安や失敗は刻まないようにします。

いいものだけを、しっかりと潜在意識に植えつけるのです。

●イメージングには強いパワーがある

086

人から感謝される生き方を考える

天職とは、天から与えられた仕事であり、人から感謝される仕事のことをいいます。

一方、人をだましたり、人を押しのけたりして仕事をもらうような、人を不幸にする仕事は、当たり前ですが破滅の道をたどります。

好きな仕事で成功したいのであれば、純粋に人を幸せにしたいという気持ちをもちつづけることが大切です。

「みんなの笑顔を見たい」

「相手の苦しみをとりのぞいてあげたい」

「その人の人生を幸福感でいっぱいにしてあげたい」

このような気持ちを強くもてば、願いはかないます。

一方、人に喜びを与えたいという純粋な気持ちがなければ、なにかのトラブルで断念する可能性があります。

まずは、「人から感謝される仕事は、どういうことなのだろうか」と真剣に考えるといいと思います。

その答えがわかってくると、仕事運がどんどんと湯水のようにあふれ出してきます。神様が喜んで、強くサポートしてくれるようになるのです。

ひとりの人を幸せにして感謝されると、ますます幸運の波及効果が生まれて、次々によい仕事に恵まれるようになってきます。

ですから、人を喜ばせたい、純粋で思いやりにあふれた気持ちが、功を奏すわけです。

純粋に人を喜ばせたいかどうか、しっかりと考える必要があります。

人から感謝されると、自分の人生がバラ色になります。

ひとりを幸せにできると、幸運の波及効果が生まれる

087

理想の自分になるイメージプランをつくる

自分の見た目を変えるとしたら、どんなイメージになりたいでしょうか。

「清楚で上品なイメージ」

「カッコよくて、誠実で知的なイメージ」

「ゆるくて、ナチュラルでかわいいイメージ」

このように自分のなりたいイメージを具体的にもつほうが、確実にイメージアップできると思います。

また、憧れのタレントやモデル、俳優のファッションをまねることもおすすめです。

多くの人は、自分に似たタレントを好きになる傾向があります。

そして、そのタレントに近づけるよう、努力している人も多くいます。

自分の理想のイメージがわからなければ、どちらかといえば自分に似たタイプのタレントを探します。

目標とする人物像が決まったら、その人に近づくイメージプランを練ります。

見た目、精神面、恋愛面、仕事のスタイルなどを表に分けるなどして、どうなりたいかを細かく書きこみます。

そして、願いを実現するために、なにをするかを箇条書きにします。

ひとつひとつ実践すると、確実に理想の人物像に近づけます。

また、好きな仕事で活躍したいのであれば、具体的な成功イメージをもつほうが、望みをかなえやすくなります。

見た目などが理想に近づくと、行動にもいい影響が出きて、結果として大きな夢がかなうのです。

また、イメージプランをつくると、胸がワクワクして楽しくなり、ますます運気がよくなります。

理想像を具体的に書き出す

088

活躍している自己イメージを高くもつ

好きな仕事で活躍している人ほど、セルフビジョンが高いと思います。どう活躍したいか、どういう人生を歩みたいかが明確であるほど、よい方向へ向かいます。

セルフビジョンを見つけるには、いろんな人のライフスタイル、仕事スタイルなどを研究してみます。とくに、成功者の本を読んでみると、その人の仕事術や成功法則がわかって、いい刺激を受けると思います。

ただし、単にセルフビジョンをもつだけでは難しくなります。明確にして、行動に移すことで、成功できるのです。

しっかりとしたセルフビジョンがあれば、さっそく動いてみることです。「絶対に夢をかなえる」という情熱とあきらめない行動力があれば、きっと達成できます。

ワクワクする楽しい未来について考えてみる

089

「絶対にやりたくない」リストをつくる

自分が絶対にやりたくない仕事を、思いのままに書き出します。内容は「業種」「職種」など具体的なほうがいいでしょう。自分のなかの「やりたくないこと」を排除していけば、最後に、やりたいことが見つかります。人は大好きなことや得意なことを伸ばしていくと、長くつづくものです。それが天職なのです。自分の能力を活かした仕事をしていれば、神様が協力してくれるでしょう。

ときには生活のために、やりたくない仕事をすることもあると思います。そのときは無理せず、「近い将来必ず、自分は好きな仕事で成功する」という強い信念をもって、割りきって、目の前のことをこなします。希望をもちつづけてこそ夢がかなうのです。

● やりたくないことには手を出さない

090

精神レベルを上げる

精神レベルが高いか低いかで、運気は決まります。

精神レベルとは、自分自身の生き方そのもののレベルのことです。

明るく、楽しく、温かく生きられれば、自然と精神レベルは上がります。

人間として生まれてきたからには、せっかくだからよい生き方をして、だれもが幸せな人生を歩んでいってほしいと思います。

いまは精神レベルが低いと感じるようであれば、自分のおこないをよくして、レベルを上げることが大切です。

レベルを高めていくと、トラブルに遭わなくなります。

また、トラブルが起きても大げさなものにはならず、小さなトラブルくらいですんでしまいます。

自分の未来を明るくするには、精神レベルを上げる必要があります。

好きな仕事で成功した人の多くが、精神レベルの大切さを知っています。

精神レベルの低い人は、いい人を寄せつけませんので、どんどん仕事運も悪くなります。

世のなかには「波長の法則」があります。

精神レベルの高い人は、いい人や幸運しか引き寄せず、精神レベルの低い人は、悪い人や悪運しか引き寄せないのです。

自分のいまの精神レベルは、どのような状態でしょうか。

精神レベルが高い人ほど、いい人にめぐりあい、パワーの強い仕事運に恵まれていきます。

生き方そのもののレベルを上げる

091

一生できる趣味や仕事を見つける

具体的な夢がある人もいれば、「自分のやりたいことが、見つからない」「将来、なにをしたらよいのかまったくわからない」と悩んでいる人もいます。

そういう人は、まずは、

「一生できる趣味や仕事を、絶対に見つける」

と強く願うことからはじめてはいかがでしょうか。

強い願望は、天職に導いてくれます。

強く願えば願うほど、夢はかないます。

また、憧れの仕事は見つかったけれど、実際に仕事にするのはなかなか難しいという人も、とても多いものです。大学やスクール、講座に通って高い授業料だけは支払ったものの、仕事に役立たなくて悩んでいる、というパターンです。

そういう人は、憧れの仕事はあっても、果たしてそれで生活できるかがわからないのだと思います。

一生つづけたい仕事がわかり、スキルも身につけたら、まわりの人に自分の熱意を伝えます。

いつも種まきをしておけば、忘れたころに、仕事が入ってきます。

しかし、待つだけではうまくいきません。

粘り強く、積極的に求人情報を探すことも大切です。

また、仕事以外の趣味についても、気になることがあったら一日体験講座を受けてみてはいかがでしょうか。

「見つからない、わからない」と嘆くよりも、行動したほうが早いのです。一日ゴルフ体験、農業体験、工場見学など、本当にあらゆるイベントがあります。

自分の未来を明るく幸福に満ちたものにしたければ、待つことはやめて、探してみるほうがいいと思います。

強く願って探せばきっと見つかる

092

念じればかなうと信じる

信念の強い人は、願いをかなえるパワーや行動力に満ちあふれています。

そういう人は、「うまくいかないのでは」とは考えません。

素直に、純粋に、願いがかなうと信じているのです。

また、なぜこの仕事をしたいのか、揺るぎない信念をもつことも特徴です。

アメリカ大陸を発見したコロンブスは、仲間たちから「太平洋を渡ってインドや日本へ到達することなんてできない」と思われていました。

しかし、「絶対に見つかる」と信じていたので、あきらめませんでした。

コロンブスは強く信じていたために、インドではなかったのですが、新大陸を発見できたのだと思います。だれかに説得されて、そこであきらめていたら成功できなかったことでしょう。

どんなに反対されても信じつづけたからこそ、実現できたのです。

また、夢に締切をつけて念じると、早めに実現できます。

由理子さん（仮名）は、以前は弁護士事務所の秘書をしていて、いまは主婦をしながらペットショップを経営しています。

独身のころ、「結婚後も好きな仕事で成功したい」という夢をずっともちつづけていました。

ただ、恋愛依存症の傾向があり、さびしいからといって彼氏とつきあっていましたが、むなしさでいっぱいでした。

しかし、自分の夢がかなうよう信じる力は大きかったので、自分を認めてくれる別の人と結婚して、いまは大好きな動物に囲まれたペットショップを経営し、幸せに暮らしています。

このように、まわりに惑わされずに、信念をもつことが大切です。

成功者には揺るぎない信念がある

093

悲観的な未来をイメージしない

成功した自分を思い描くことは、とても大事です。

思い描くときに重要なことは、悲観的な未来をイメージしないことです。

悲観的なことをイメージすると、そのまま悪いことが起こるからです。

マイナス思考のかたまりのような人は、とくに要注意です。

自分に少しでも希望を見いだすことで、運命を切りひらけます。

自分の能力と夢の実現を信じて生きていきましょう。

なにごとも、希望を捨てたら終わりです。明るい未来の希望をもって生きる人は、何年かかろうとも、いつか必ず成功できるのです。

ただ、いいイメージを描きつづけても、ちょっとしたときに不安になるかもしれません。

そんなときは、なぜ不安になるのか、原因を探します。

おそらく原因の多くは、人をうらやんでいたり、人と比べていたりなどといったマイナス思考をしている場合です。

マイナスのことばかり考えていたら、いいイメージで潜在意識をいっぱいにすることは難しくなります。

マイナス思考はすべてとりのぞきます。

とりのぞくことをしなければ、いつも堂々めぐりで不安なことが必ず出てきます。

人をうらやむより、自分が好きな生き方で成功することだけにエネルギーを使うほうがいいと思います。

「いつか必ず、自分は報われる」と声に出します。

そうすると、潜在意識が、プラスの想念でいっぱいになります。

未来に明るい希望をもつ

094

大きな夢貯金をする

起業など大きな夢をかなえるには、お金がかかります。

そこでおすすめしたいのが、「夢貯金」です。

まずは、夢をかなえる目標の「締切」を決めて、それまでに必要なお金を毎月少しずつでも貯金します。心に余裕とワクワク感が生まれて、幸せな気分になります。

夢貯金専用の通帳や貯金箱をつくっても楽しいでしょう。

一方、夢貯金をせず、毎月の支払いで精いっぱいだと、苦しくて、夢を引き寄せるパワーも落ちてしまいます。人は心にゆとりがあってこそ強運を手にできるのです。

毎月、一定額を貯めるのでもいいし、500円玉貯金などでもいいと思います。

できることからはじめると、数年後、夢をかなえる資金がたまることでしょう。

● 心にゆとりがあるほうが夢の達成は近づく

095

未来に向けてあきらめない心をもつ

好きな仕事に向けて前進していくと、途中であきらめたくなることがあると思います。しかし、あきらめない粘り強さが成功のもとになります。

成功者は、どんな困難に遭遇しても、くじけずにつづけるからこそ、頂上に上がれるのです。

未来を幸せにしたいならば、予想図を描くことをおすすめします。

その未来予想図が明確だと、どんなに嫌なことが起きてもがんばれます。

夢は、鮮明であればあるほど、かなうものなのです。

つらくて、あきらめそうになったら、成功した人をよく観察します。

「きっと自分も、あのように輝ける」と思えて、いい刺激を受けることでしょう。

未来予想図が鮮明なほど夢はかなう

096

心の支えになる人を見つける

人は、ひとりでは生きてはいけないものです。

大切に思うだれかがいるからこそ、相手を幸せにするために、元気にがんばって毎日を生きていけるのです。

とくに、子をもつ親の立場にある人は、子どものために「もっと仕事や家事につき進もう」と思う人が多いでしょう。

ですから、自分の心の支えになる人がいるかいないかでは、生きる原動力に大きく差が出ます。

また、自分が大切に思う人のみならず、自分を大切にしてくれる人がいると、大きな励みになります。

仕事面では、人生の師匠と呼ばれる「メンター」がいると、より飛躍できます。

メンターとは、自分を成功する方向に導いてくれる存在の人です。

オペラ歌手のマリア・カラスも、自分の魅力を認めたたくさんのメンターたちの協力によって、大成功を手にできました。

このように、何人ものメンターがいるほど活躍できるのです。

ただし、メンターを見つけるには、人に好かれるような人柄になる必要があります。

メンターは、その人の魅力がすばらしいと思うからこそ、応援して、引き上げてあげたいと思うのです。

自分がもっと魅力的になるために、内面を磨くことが必要です。

人を魅了できるようになれば、自然とメンターは見つかるのです。

暗くて落ちこみやすく、人の悪口や噂話ばかりするようなタイプであれば、メンターはなかなか見つからないでしょう。

メンターは、努力家で、心ある、プラス思考の人のそばに現れるのです。

メンターはプラス思考の人を好む

097 成功者を祝福する

一般的にアメリカ人は、友人や知人が成功すると、自分が成功したかのように心から祝福する傾向にあるといわれています。

一方、日本人は、友人や知人が成功すると、嫉妬の気持ちでいっぱいになり、心から祝福できない人が多いといわれています。

人の成功を祝えないと、自分自身もだれからも祝われなくなります。

嫉妬する人は、自分のおこないに目を向けてみます。

すると、改善点が見えてきます。

成功者は、見えないところでたくさん努力しているからこそ、いまの地位や富を築いているのです。

ですから、嫉妬する前に、成功者の努力を認めて、自分も負けないくらいの努力をすることが大切です。

精神レベルの高い、心ある人は、成功者を祝福できます。

祝福すると、彼らは成功者からハッピーな「気」やオーラをもらえます。

成功者は、自分の幸せをまわりに分けてくれるのです。

一方、もし成功者にネガティブな感情をもったら、悪いほうに導かれてしまいます。

どうしても成功者を祝福できないのであれば、夜、寝る前にこうお祈りします。

「成功した人が、もっと幸せになれますように」

「生きとし生ける者すべての人が、幸せになれますように」

このふたつの言葉を毎晩、声に出してお祈りします。

毎日つづけると、心が清められてきます。

成功者やすべての人の幸せを願えるようになると、見返りを求めなくても、大きな幸運がまいこんできます。

●心から祝福するとハッピーな「気」をもらえる

098

自分に必要な実績を築く

好きな仕事で活躍するには、場合によっては、肩書きが必要なときもあります。

その肩書きと同じくらいに「実績」も大切です。

実績を築くために、どんな小さな仕事でも請け負ってみるといいでしょう。

そのとき、ギャランティのことは考えないほうがいいと思います。

お金のことを最初から考えると、ガツガツした態度が出て、相手に悪いイメージをもたれてしまいます。

お金ではなく、実績をつくるほうが重要なのです。

実績を築き上げるようになれば、それなりの収入を手にすることはできます。

小さな仕事やボランティアでも、ありがたいと感謝して、一生懸命にがんばります。

いつか実を結ぶときがありますから、あせりは禁物です。

しかし、「どうやって実績をつくっていたらいいのかわからない」という悩みも、多いと思います。

そういう人は、まずは、知人に相談することからはじめてはいかがでしょう。

アロマテラピストの香澄さん（仮名）は、会社勤めをしながら、アロマテラピーのスクールに通い、ボディートリートメントの技術を身につけ、精油や人間のからだについて勉強しました。

しかし、どのようにして仕事につなげてよいのかわからずに、ずっと悩んでいました。

そんなとき、会社の同僚が、出張でボディートリートメントをしてほしいという女性を個人的に紹介してくれました。

香澄さんは、それがきっかけで実績をつくり、その縁でいろんな人を紹介してもらい、サロンをひらくまでに成功しました。

小さな実績の積み重ねが、大きな仕事を呼ぶのです。

実績を積むと相応の収入も手にできる

099

執着しない生き方をする

「なにがなんでもお金持ちになる」

「絶対に地位と名誉を手にしたい」

このような利己的な執着心（我欲ともいう）が強すぎると、運の入りこむスペースがないので、夢がかなわなくなります。

神様は、ガツガツしていないナチュラルな生き方の人のそばに幸運を授けると思います。

ガツガツせずに「AでもBでもどちらでもいい」と気楽に思える人のほうが、本当に望んでいることを手にしやすいようです。

神様は、執着する人を見ると不快になるのかもしれません。

やはり、純粋に人のために働いて、お金や地位に執着しない生き方の人に魅力を感じて、運を授けるのでしょう。

執着すると、人を支配的にすることにもなります。

ある経営者は、ガツガツした生き方の人でした。

なんでも自分の思いどおりにしないと気がすまないところがあり、社員をはじめ、だれもがその人に対していい気持ちをもちませんでした。

自分が主宰する成功塾に、知人や異業種交流会で出会った人を無理やり引っぱって入らせました。授業料が高いのですが、みんなその人のガツガツさに根負けして入塾してしまいます。ところが、みんな途中で辞めてしまうのです。

結局、その塾は悪い噂が流れてつぶれてしまいました。

その経営者のように我欲のかたまりでいると、みんな離れてしまうのです。

信念をもちながらも、我欲をもたない、ゆったりとした生き方が運をよくします。

ガツガツしない生き方の人に幸運がまいこむ

100

スペシャリストをめざす

好きな仕事で成功するには、本物の知識や技術を身につける必要があります。

そうしないと、あとでだれかに指摘されることや、大きなミスをすることがあるかもしれません。

ですから、本物になるには、自分に足りないものを徹底的に勉強する必要があります。

どんな成功者も、いつも勉強や研究などの努力を欠かしません。

成功してうぬぼれているようであれば、いつか落とし穴にはまります。

本物になるには、その道のスペシャリストの本を読んで研究したり、足りないスキルをセミナーで学んだりするといいと思います。

「これは自分が心の底から望む仕事だ」と思えば、どんな内容でも楽しく学べるはずです。

それを苦だと思ったら、本当にやりたい仕事ではない証だと思います。

最近は、生活のためなのでしょうが、本職と副業の2本立てなどでいろんな仕事をする人が増えています。

しかし、あれもこれもといろんな仕事をする人は、なにをしている人かなかなか理解してもらえないものです。

生活のうえで無理なのかもしれませんが、本当の成功者になるには、その道のスペシャリストとして、ひとつの仕事に情熱を注ぐことが必要です。

経済的に余裕があれば、スペシャリストを目指すほうが得策です。

たとえば、手芸教室の先生を目指すのならば、手芸のスキルを一生懸命に磨いて、その道一本で生きることが大切です。

副業はあくまでも成功するまでのツールにとどめておくのです。

その道を究める人は、やがて大勢の人から認めてもらえます。

● 余裕があれば、ひとつの道を究める

※本書は2010年6月に株式会社アスペクトから刊行された
『夢をかなえる100のルール』を復刊にあたって改題し、
再編集したものです。

｜STAFF｜ カバーイラスト ゆの 朔 - stock.adobe.com
本文デザイン 浦郷和美
本文DTP 森の印刷屋

著者紹介

植西 聰　著述家。東京都出身。学習院高等科・同大学卒業後、資生堂に勤務。独立後、人生論の研究に従事する。独自の「成心学」理論を確立し、人々の心を元気づける著述活動を開始。1995年、産業カウンセラー（労働大臣認定資格）を取得。
ベストセラー『「折れない心」をつくるたった１つの習慣』や近刊『今日の自分を強くする言葉』（以上、小社刊）、『くじけない心のつくりかた』（あさ出版）、『心の免疫力』（笠間書院）ほか著書多数。

なんだか毎日《まいにち》うまくいく100のヒント

2024年２月５日　第１刷

著　者　植《うえ》西《にし》　聰《あきら》
発行者　小澤源太郎

責任編集　株式会社 プライム涌光
電話　編集部　03(3203)2850

発行所　株式会社 青春出版社
東京都新宿区若松町12番１号 〒162-0056
振替番号　00190-7-98602
電話　営業部　03(3207)1916

印　刷　共同印刷　　製　本　フォーネット社

万一、落丁、乱丁がありました節は、お取りかえします。

ISBN978-4-413-23343-9　C0095